영어 작문능력 평가 시험

G-TELP
Writing Test
공식 수험서

General Tests of English Language Proficiency

G-TELP 영어연구소

G-TELP 영어연구소는 국내외 영어 콘텐츠 전문 연구진들로 이루어진 조직으로서, G-TELP 시험들을 전문적으로 분석 및 연구해오고 있습니다. 다년간 쌓아온 디지털 데이터베이스와 정확한 데이터를 분석하는 툴을 기반으로 G-TELP의 모든 시험을 대비할 수 있는 수험서, 일반 영어, 비즈니스 영어, 전문 영어 등 다양한 분야의 영어학습서를 기획, 집필, 편집, 출간하고 있습니다.

영어 작문능력 평가 시험
G-TELP Writing Test 공식 수험서

저자	G-TELP 영어연구소
발행인	김현중
발행일	2020년 3월 2일(초판)
출판사	G-TELP KOREA 출판사업본부
ISBN	978-89-91164-39-0 (13740)
정가	18,000원
전화	1588-0589
팩스	02-454-2137
주소	서울특별시 송파구 송파대로 32길 4-7

이 책의 내용과 포맷은 저작권법에 따라 보호받고 있으므로 무단복제와 무단전재를 금합니다.

머리말
P R E F A C E

안녕하세요. G-TELP 영어연구소입니다.

요즘 기업에서는 객관식 영어시험의 점수보다 실무에 활용될 수 있는 영어 실력을 더 중요하게 보며, 글로벌 시대에 맞춰 영어실력을 필수로 요구하는 대기업이 늘어나면서 취업 준비생의 G-TELP Speaking Test (GST), G-TELP Writing Test (GWT)에 대한 관심이 높아지고 있습니다. 실제로 다수의 대기업에서 GST, GWT성적을 입사지원 시 기재하도록 하고 있으며, 특히 외국어번역행정사 2차시험에서는 GWT성적 제출 시 외국어 시험 면제를 받을 수 있습니다. 입사 지원에 활용될 정도로 라이팅의 중요성이 부각되고 있으며, 이에 따라 GWT 수험자의 수도 갈수록 늘고 있습니다.

하지만 라이팅 특성상 단기간에 시험을 준비하기 힘들고, 특히 영어의 기초가 없는 수험생들에게는 더욱 힘이 듭니다. G-TELP 영어연구소는 이러한 수험자들의 고충과 요구사항을 반영하여 라이팅 시험 교재인 "G-TELP Writing Test 공식 수험서"를 출간하게 되었습니다. 먼저, Writing Tips 챕터를 통해 글의 구성요소에는 어떤 것이 있는지, 그리고 시험에 어떻게 적용할 수 있을지를 예시를 통해 제시했습니다. 또한, Grammar Tips 챕터에서는 주어동사 일치, 시제일치 등 한국인이 쉽게 실수하지만 영어에서는 상당히 중요한 문법, 그리고 고급 문장을 만들기 위한 복문작성과 관련된 문법을 요약해서 효과적으로 학습할 수 있도록 했습니다. GWT 파트 별 전략은 Basic과 Intermediate등급으로 구분했으며, 학습자의 영어 실력에 따라 맞춤형 전략 학습이 가능합니다. 특히, 초급 학습자의 경우 Basic에서 Intermediate 순서로 단계적 학습이 가능하다는 점에서 상당히 유익한 수험서가 될 것입니다.

효과적인 영어쓰기 학습 및 GWT시험 준비로 수험생분들의 목표달성에 큰 도움이 되었으면 합니다.

G-TELP 영어연구소

CONTENTS

교재 구성 및 특징 ... 6
시험개요 ... 8
학습플랜 ... 13

Chapter 1   Writing Tips ... 15

1-1   글의 구성요소 ... 16
1-2   글의 형식 ... 20
1-3   편지 쓰는 법 ... 25

Chapter 2   Grammar Tips ... 41

2-1   주어동사 일치 ... 42
2-2   시제 일치 ... 44
2-3   명사/대명사 ... 45
2-4   명사절/형용사절/부사 ... 46
2-5   접속부사 ... 49
2-6   등위접속사 ... 50
2-7   대화내용의 이동을 나타내는 어구 ... 50

Chapter 3   Basic ... 53

PART 1.   Constructing a Paragraph ... 54
PART 2.   Composing a Personal Letter ... 59
PART 3.   Composing a Formal Letter ... 68
PART 4.   Constructing a Paragraph ... 78
PART 5.   Writing an Essay ... 84

G-TELP Writing Test

Chapter 4 Intermediate   93

    PART 1. Constructing a Paragraph   94
    PART 2. Composing a Personal Letter 103
    PART 3. Composing a Formal Letter   116
    PART 4. Constructing a Paragraph   129
    PART 5. Writing an Essay   138

Chapter 5 구두법   147

    5-1 쉼표(comma)   148
    5-2 세미콜론(semicolons)   150
    5-3 콜론(colons)   151
    5-4 아포스트로피(apostrophe) 152
    5-5 따옴표(quotation marks)   153
    5-6 괄호(parentheses)   155
    5-7 하이픈(hyphens)   156

교재 구성 및 특징

1-1 글의 구성요소

문단(Paragraph)
글은 일반적으로 문단으로 이루어져 있으며 그 길이가 다양하다. 문학이나 학문처럼 수백 개의 문단으로 이루어져 있거나 기사나 편지처럼 단순히 몇 문장으로 구성되기도 한다. 문단은 기본적으로, Topic sentence, Supporting Sentence(s), Concluding Sentence로 구성된다.

- **Topic sentence**
  문단의 핵심, 전체 내용을 아우르는 문장이며, 주로 서두에 나타내는 것이 좋다.

- **Supporting sentence**
  Topic Sentence와 관련된 근거, 부연설명, 예제들을 설명한다.
  5E(Example, Evidence, Explanation, Experience, Event)를 기억해 두면 좋다.

- **Conclusion sentence**
  전체 내용을 정리하거나 Topic sentence를 바꾸어 표현(paraphrasing)하며, 읽는 사람이 생각할 수 있는 여지를 두는 내용을 추가하면 좋다. In conclusion, in brief, to sum up, to summarize 등으로 문장을 시작한다.

Chapter 1. Writing Tips
글의 구성요소를 예시를 통해 제시
→ 실제 시험에 적용법 습득 가능

2-1 주어동사 일치 Subject-Verb Agreement

기본규칙
단수 주어에는 단수 동사, 복수 주어에는 복수 동사를 쓴다.
- The girl walks to school.
- The girls walk to school.

전치사구 뒤의 동사일치
동사 바로 앞에 있는 명사에 수일치가 아니라, 동사의 주어에 수일치를 해야 하므로 혼동하지 않도록 유의해야한다.
- The key (to the garage) are is in my pocket.
- The keys (to the garage) is are in my pocket.

관계대명사절에서의 일치
선행사와 관계대명사절 내의 동사는 일치가 되어야 하며, 선행사가 문장 전체의 주어일 때, 문장 전체의 동사와도 일치가 되어야 한다.

Chapter 2. Grammar Tips
실수하기 쉬운 문법, 복문작성 관련 문법
→ 고득점을 향한 도약

Chapter 3. Basic
초급 수험자가 중급을 향한 전략
→ 5~6급 목표달성

Chapter 3.
Basic

General Tests of English Language Proficiency

PART 1. Constructing a Paragraph

Directions: Compose a paragraph of at least 80 words, using at least six (6) of the following keywords, and create an appropriate title for the paragraph. You should use only one keyword for each sentence, and the sentences should support the title that you create. You will have six (6) minutes to complete this part.

다음 핵심단어 중 적어도 여섯 개를 사용하여 최소 80개 이상의 단어로 된 단락을 구성하고, 단락에 맞는 적절한 제목을 작성하십시오. 문장 마다 키워드는 하나만 사용해야 하고, 문장은 자신이 만든 제목을 뒷받침해야 합니다. 이 파트를 완성하는 데 6분이 주어질 것입니다.

G-TELP Writing Test

Chapter 5. Punctuation
더욱 정확하고 탄탄한 라이팅 실력 다지기
→ 중요한 의미 변화도 가능한 구두법 학습

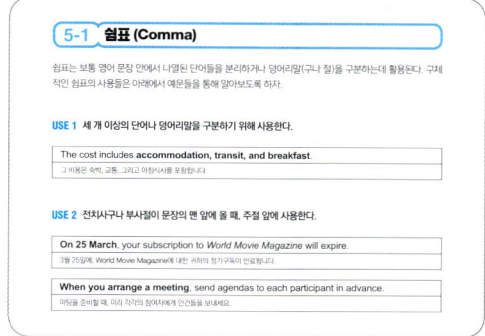

Chapter 4. Intermediate
중급 수험자가 고급을 향한 전략
→ 3~4급 목표달성

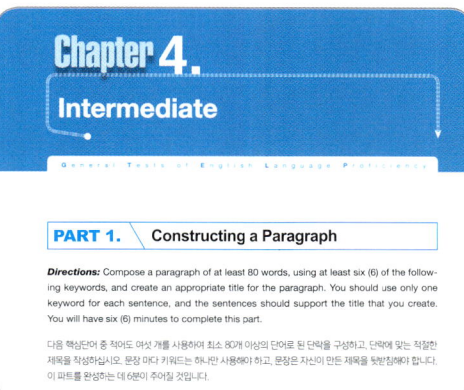

시험 개요

출제기관 소개

㈜한국지텔프는 신뢰성, 타당성, 실용성을 갖춘 종합적인 영어평가라는 모토 아래 **ITSC's G-TELP Services**의 글로벌 파트너로서 1985년부터 G-TELP 시험을 주관하는 어학평가, 교육, 출판 전문 기업입니다. ㈜한국지텔프는 업무 협약을 통해 한국 내 G-TELP 시험의 시행, 마케팅, 홍보, 출판, 교육에 대한 운영을 담당하고 있습니다.

㈜한국지텔프는 지난 30여 년 동안 영어학습자의 영어능력을 보다 정확하고 세밀하게 분석할 수 있는 평가도구 개발에 끊임없이 노력해 왔습니다. 2006년부터 2019년 1월까지 12년 동안 국가자격시험인 항공영어구술증명 시험(EPTA)을 시행하였으며, 평가영역별, 레벨별, 목적별, 연령별 등으로 구분된 아래의 다양한 시험을 정기적으로 시행하고 있습니다.

- 문법과 듣기, 읽기 능력을 평가하는 5단계의 **G-TELP Level Test**
- 실생활과 관련된 영어 말하기/쓰기 능력을 평가하는 **G-TELP Speaking Test, G-TELP Writing Test**
- 비즈니스 말하기/쓰기 수행능력 평가인 **G-TELP Business Speaking Test, G-TELP Business Writing Test**
- 영어 초급자 및 초등학생과 중학생의 영어 능력을 평가하는 **G-TELP Junior**

주니어부터 성인까지 영어를 종합적으로 평가할 수 있는 완성된 평가 교육 시스템을 갖추고, 전문 분야별 영어 활용 능력 평가 도구 개발에 쏟아온 투자와 열정이 신뢰성과 타당성, 실용성을 갖춘 종합적인 평가 시스템 구축을 위한 밑거름이 되었으리라 믿으며, 단순히 우열을 가르는 평가가 아닌 학습자에게 개인의 능력을 분석 진단하여 학습 동기를 제공하고, 학습 과정 으로써의 진정한 평가가 될 수 있도록 최선의 노력을 다할 것입니다.

GWT 소개

G-TELP Writing Test(GWT)은 영어를 모국어로 사용하지 않는 사람의 영어 쓰기능력을 평가합니다. GWT의 작문 주제들은 실생활에 기반을 둔 것으로, 편지에 응답 또는 문의, 상황설명, 의견진술 등 실생활에서 흔히 일어날 수 있는 문제들로 구성되어 있습니다. 또한 수험자가 영어쓰기에 있어서 올바른 구성과 표현, 단어, 문장을 사용하고 있는지를 정확하고 객관적으로 평가할 수 있는 문제들로 개발 되었습니다.

- **시험방식** : IBT, CBT 중 시행계획에 따라 선택
- **시험시간** : 약 70분 (오리엔테이션 포함)
- **채점기간** : 약 10일
- **평가등급** : Level 1(Authentic) ~ Level 11(No Mastery)
- **평가기준**

Style (스타일)	전체적인 관점에서의 수험자 작문에 대한 평가입니다. 각 파트의 주제 및 질문사항에 적합한 작문을 했는지, 작문은 일관성 있고 설득력 있게 작성되었는지 평가합니다.
Grammar (문법)	정확한 문법과 문장 패턴, 구두법의 사용을 평가합니다.
Vocabulary (어휘)	적절한 단어와 용어의 선택 및 사용, 맞춤법을 평가합니다.
Organization (구성)	적절한 작문의 줄거리 구성 및 전개, 결론에 이르는 구조적 과정을 평가합니다.
Substance (내용)	작문의 구체적인 내용, 즉 작문하고자 하는 주제를 뒷받침 할 수 있는 내용전개를 평가합니다.

- **전체문항** : 5개 파트로 구성

	시험구성		응답 시간	최소 글자수
Task 1	Constructing a Paragraph	주어진 단어를 이용하여 작문하기	6분	80
	이 파트에서는 특정한 주제에서 사용될 수 있는 연관된 단어가 주어집니다. 수험자는 주어진 단어를 이용하여 주제를 정하고, 주제에 알맞은 작문을 구성하여야 합니다. 수험자의 단어에 대한 이해능력 및 주어진 키워드를 이용한 조리 있는 작문 구성력이 요구됩니다.			
Task 2	Composing a Personal Letter	개인적인 편지쓰기	12분	100
	이 파트에서는 사적인 편지를 통한 정보에 대해 묻기, 개인적인 경험담 이야기하기 등 일상적인 글쓰기에서 빈번히 일어날 수 있는 상황에 대한 주제가 주어집니다. 수험자의 친숙한 글쓰기 톤, 다양한 표현력이 요구됩니다.			
Task 3	Composing a Formal Letter	공식적인 편지 쓰기	12분	100
	이 파트에서는 공식적인 부분에서의 작문주제가 주어집니다. 주문한 물건에 대한 반송, 직장 지원 문의, 회의 통보 및 주제조정 등 비즈니스 부분에서 적절한 단어 및 문구의 선택, 정확한 정보 전달 등의 글쓰기 능력이 요구됩니다.			
Task 4	Describing a Situation	주어진 상황에 대해 설명하기	14분	120
	이 파트에서는 주어진 사진을 상황에 따라 일기 또는 기사, 보고서 형식으로 작성하는 주제가 주어집니다. 사진과 관련된 주제는 미리 주어지며, 이와 관련된 내용을 정확하게 전달 할 수 있는 글쓰기 능력이 요구됩니다.			
Task 5	Writing an Essay	특정한 주제에 대한 의견 진술하기	16분	140
	이 파트에서는 특정한 이슈 또는 토픽에 대한 논리적인 글쓰기 능력이 요구되는 주제가 주어집니다. 수험자는 본인의 의견을 설득력 있게 풀어나가야 합니다.			

📍 점수별 능력평가표

Proficiency Level		Level Description
Level 1	Authentic	이 등급의 수험자는 친숙한 상황 뿐만 아니라 익숙하지 않은 모든 상황에서도 자신의 의견을 잘 표현할 수 있습니다. 광범위하며 적절한 단어 사용을 하며 정확한 부연설명 및 적절한 관용어를 표현합니다. 일관성 있고 정확한 문법구조, 문장패턴, 단어 배열을 보여줍니다. 아이디어들은 논리적이며 순차적으로 잘 정리가 되어 전달하는 메시지들이 설득력을 얻습니다.
Level 2	High-Advanced	이 등급의 수험자는 거의 모든 상황에서 자신의 의견을 효율적으로 표현할 수 있습니다. 드물게 보이는 오류가 있지만 문법적인 구조와 문장은 그 의미를 이해하는데 거의 문제가 되지 않습니다. 광범위하며 적절한 단어 사용을 하며, 일관되고 효율적으로 부연설명을 할 수 있습니다. 아이디어들은 논리적으로 배치되어 있습니다. 이 등급의 수험자의 작문은 대체로 일관적이며 설득력이 있습니다.
Level 3	Advanced	이 등급의 수험자는 거의 모든 상황에서 자신의 의견을 효율적으로 표현할 수 있습니다. 수험자의 작문은 대부분 상황에 적합합니다. 의미전달에 영향을 거의 끼치지 않는 문법적 오류와 문장패턴은 가끔 나타나지만 대체로 수험자의 작문은 잘 이해될 수 있습니다. 대체로 적절한 단어선택을 하며, 적절한 단어를 사용 못할 경우 다른 식으로 풀어서 설명할 수 있습니다. 수험자의 작문은 대체로 조리 있고, 어느 정도 설득적입니다.
Level 4	High-Intermediate	이 등급의 수험자는 대부분의 상황에서 자신의 의견을 표출할 수 있습니다. 수험자의 작문은 대체로 상황에 적합합니다. 의미전달에 가끔 영향을 끼치는 문법적 오류와 문장패턴은 종종 나타나지만 대체로 잘 이해될 수 있습니다. 대체로 적절한 단어선택을 하며, 적절한 단어를 사용 못할 때에는 종종 다른 식으로 풀어서 설명할 수도 있습니다. 아이디어를 논리적으로 풀어나가려는 흔적이 보이며, 대체적으로 잘 구성되어 있습니다. 수험자의 작문은 대체로 조리 있으나, 설득력이 그리 크지는 않습니다.
Level 5	Intermediate	이 등급의 수험자는 일반적으로 친숙한 주제에서는 자신의 의견을 잘 표출하나, 익숙하지 않은 주제에서의 작문에는 가끔 어려움을 겪습니다. 작문은 종종 주제와 적합하지 않거나 구체적이지 않습니다. 의미전달에 영향을 끼치는 문법적 오류와 문장패턴은 가끔 나타나지만 대체적으로 이해될 수 있습니다. 대체적으로 적절한 단어 선택을 하지만 종종 효과적인 부연설명에는 어려움을 겪습니다. 아이디어들이 어느 정도 논리적으로 배치되어 아이디어를 논리적으로 풀어나가려는 흔적이 보이며, 대체적으로 잘 구성되어 있습니다. 수험자의 작문은 대체로 조리 있으나, 설득력이 그리 크지는 않습니다.
Level 6	Low-Intermediate	이 등급의 수험자는 일반적으로 친숙한 주제에서는 자신의 의견을 잘 표출하나, 익숙하지 않은 상황에서는 이따금 효율적으로 표현해 내지 못합니다. 또한 상세한 설명이 부족하거나 부적절한 내용이 보여집니다. 대체로 의미전달에 영향을 끼치는 문법적 구조와 문장패턴들이 대체로 나타나며, 적합하지 않은 단어선택 및 내용 전달에 불충분한 부연설명들이 표현됩니다. 거의 논리적이지 못하고 전개하고자 하는 내용들이 명확히 표현되지 않으며 조리 있지 않습니다.

G-TELP Writing Test

Proficiency Level		Level Description
Level 7	High-Basic	이 등급의 수험자는 대체로 친숙한 주제에서 자신의 의견을 잘 표출하는데 어려움을 보이며, 익숙하지 않은 상황에서의 효율적 작문은 대개 불가능합니다. 또한 대체적으로 상세한 설명이 부족하거나 부적절한 내용이 보여집니다. 의미전달에 영향을 끼치는 문법적 구조와 문장패턴들이 자주 나타납니다. 적합하지 않은 단어선택을 하며 효과적인 부연설명이 대체로 힘듭니다. 거의 논리적인 전개를 못하고 구성력이 부족하며 전개하고자 하는 내용들이 거의 항상 명확하지 않으며, 조리 있지 않습니다.
Level 8	Basic	이 등급의 수험자는 보통 친숙한 주제에서 자신의 의견을 잘 표출하는데 어려움을 보이며, 익숙하지 않은 상황에서의 효율적 작문은 대개 불가능합니다. 또한 상세한 설명이 부족하거나 부적절한 내용이 흔히 보여집니다. 의미전달에 영향을 끼치는 문법적 오류와 문장패턴의 실수들이 거의 언제나 보여집니다. 부적절하며 의미전달에 혼란을 주는 단어 선택이 보통 보여지며, 부연설명을 하기가 힘듭니다. 질서 없는 아이디어들의 나열로 글이 정돈되어 있지 않습니다. 수험자의 작문은 거의 항상 명확하지 않고 모순되며 조리 있지 않습니다.
Level 9	Low-Basic	이 등급의 수험자는 자주 친숙한 주제에서 자신의 의견을 잘 표출하는데 어려움을 보이며, 익숙하지 않은 상황에서의 효율적 작문은 거의 불가능합니다. 또한 상세한 설명의 부족과 부적절한 내용이 거의 항상 보여집니다. 문법구조와 문장패턴들이 항상 나타나 의미전달이 어렵습니다. 부적절하며 의미전달에 혼란을 주는 단어 선택이 항상 보여지며, 부연설명을 하기가 힘듭니다. 수험자가 전달하고자 하는 메시지가 무엇인지 이해되기 힘듭니다.
Level 10	Beginner-Basic	이 등급의 수험자는 친숙한 상황에서도 자신의 의견을 표출하는데 어려움을 보입니다. 또한 기초적인 설명이 부족하고 엉뚱하며 부적절한 내용전개로 인하여 어떤 내용을 전달하고자 하는지 이해되기가 거의 대부분 힘듭니다. 문법구조와 문장패턴들이 항상 나타나 의미전달이 어렵습니다. 대부분 부적절한 단어선택을 하며, 부연하려는 시도가 보이지 않습니다. 수험자가 전달하고자 하는 메시지가 무엇인지 이해되기 힘듭니다.
Level 11	No mastery	이 등급의 수험자는 알고 있는 단어의 나열 또는 구문의 나열 수준인 문장을 표현합니다. 따라서 내용이 전달될 만한 작문을 할 수가 없습니다.

성적표 샘플

성적표에는 시험점수, 파트별 과제 수행 완성 정도, 수험자가 도달한 수준에서 기대되는 평가 영역별 쓰기 능력에 대한 자세한 설명이 제공됩니다.

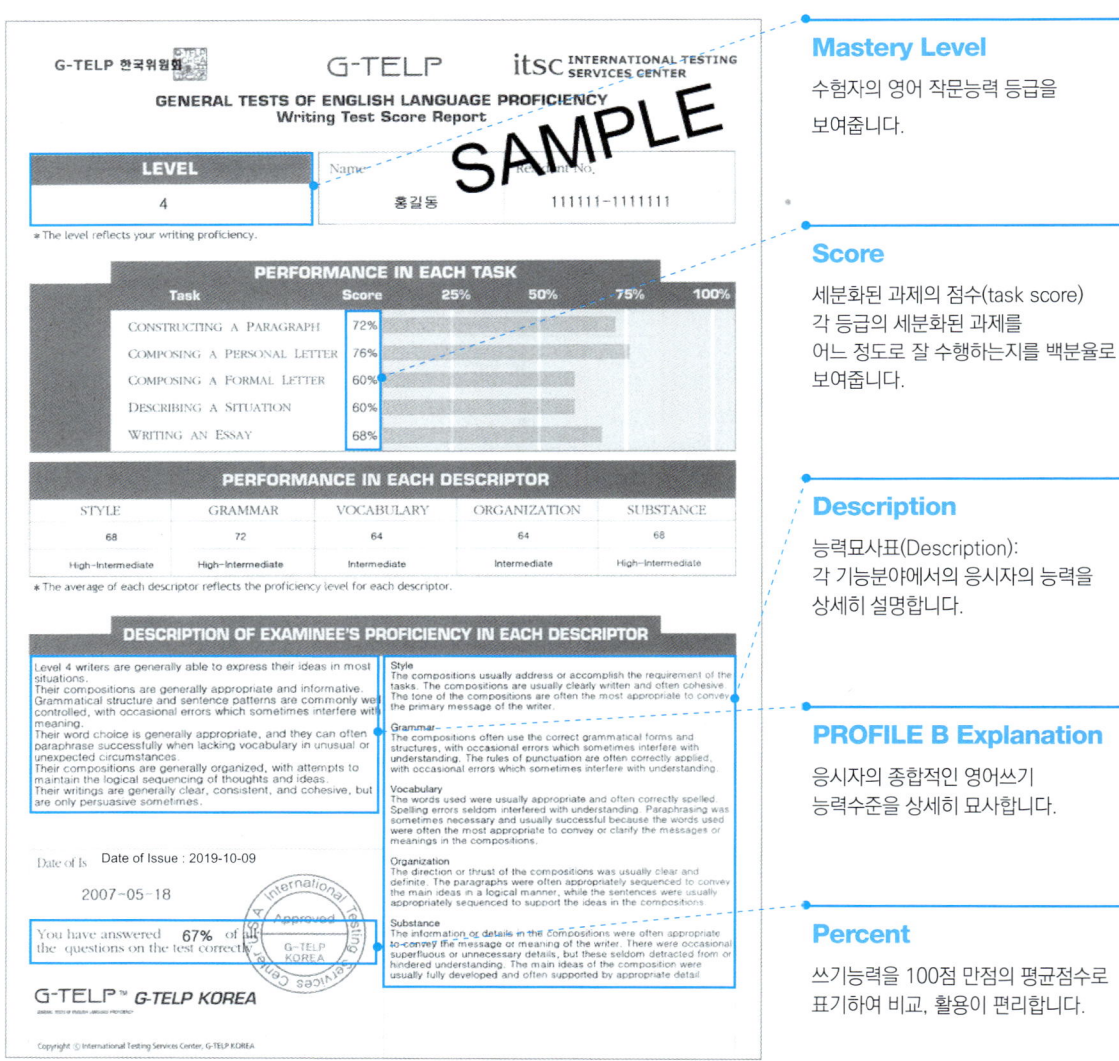

2주 완성 학습 플랜

	Day 1	Day 2	Day 3	Day 4	Day 5	Day 6	Day 7
Week 1	Chapter 1	Chapter 1	Chapter 2	Chapter 3 Part 1,2	Chapter 3 Part 3,4	Chapter 3 Part 5	Chapter 3 Review
Week 2	Chapter 4 Part 1	Chapter 4 Part 2	Chapter 4 Part 3	Chapter 4 Part 4	Chapter 4 Part 5	Chapter 4 Review	Chapter 5

3주 완성 학습 플랜

	Day 1	Day 2	Day 3	Day 4	Day 5	Day 6	Day 7
Week 1	Chapter 1	Chapter 1	Chapter 1	Chapter 2	Chapter 2	Chapter 1,2 Review	Chapter 3 Part 1
Week 2	Chapter 3 Part 2	Chapter 3 Part 3	Chapter 3 Part 4	Chapter 3 Part 5	Chapter 3 Review	Chapter 3 Review	Chapter 4 Part 1
Week 3	Chapter 4 Part 2	Chapter 4 Part 3	Chapter 4 Part 4	Chapter 4 Part 5	Chapter 4 Review	Chapter 4 Review	Chapter 5

영어 작문능력 평가 시험

G-TELP Writing Test
공식수험서

Chapter 1
Writing Tips

General Tests of English Language Proficiency

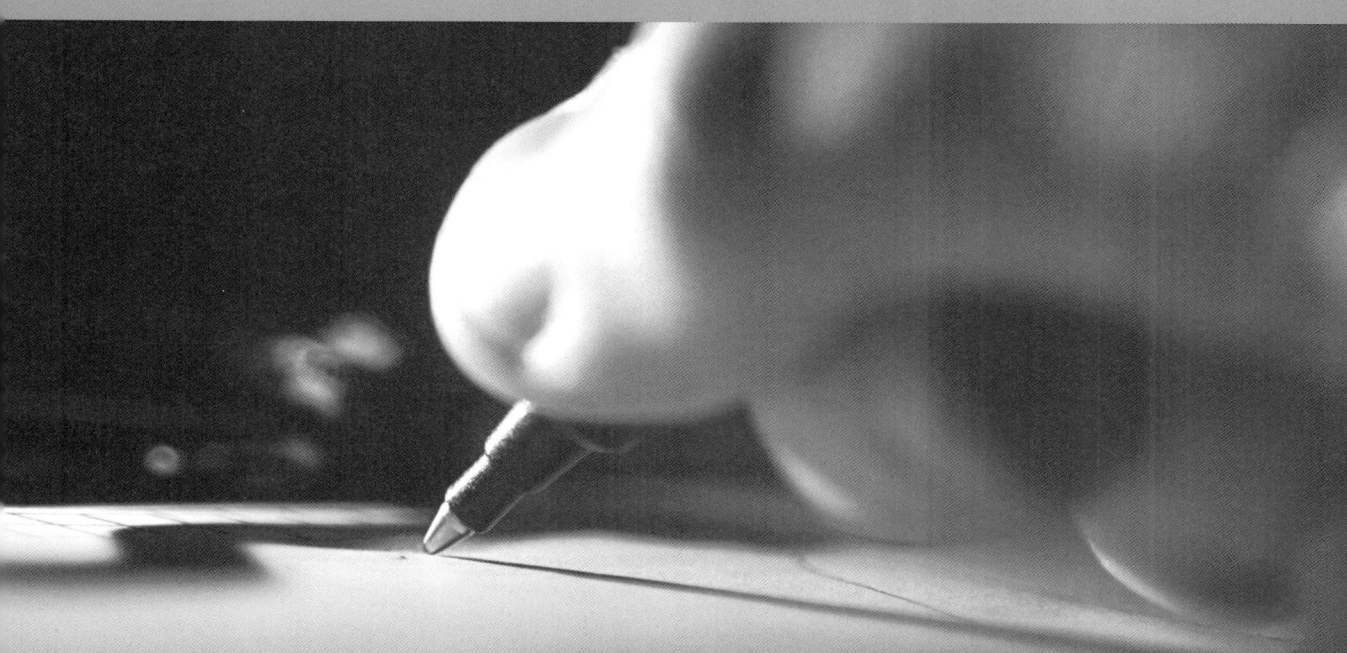

Chapter 1.
Writing Tips

G-TELP Writing을 본격적으로 학습하기에 앞서, 영어 작문의 기초에 대해서 공부해보고자 한다. 먼저 글의 구성 요소에 어떤 것이 있는지, 그리고 G-TELP Writing시험에 어떻게 적용을 할 수 있을지 공부해보고, G-TELP Writing에 각 파트 별 문제와 관련된 중요한 내용을 알아보자.

General Tests of English Language Proficiency

1-1 글의 구성요소

문단(Paragraph)

글은 일반적으로 문단으로 이루어져 있으며 그 길이가 다양하다. 문학이나 학문처럼 수백 개의 문단으로 이루어져 있거나 기사나 편지처럼 단순히 몇 문장으로 구성되기도 한다. 문단은 기본적으로, Topic sentence, Supporting Sentence(s), Concluding Sentence로 구성된다.

- **Topic sentence**

  문단의 핵심, 전체 내용을 아우르는 문장이며, 주로 서두에 나타내는 것이 좋다.

- **Supporting sentence**

  Topic Sentence와 관련된 근거, 부연설명, 예제들을 설명한다.
  5E(Example, Evidence, Explanation, Experience, Event)를 기억해 두면 좋다.

- **Conclusion sentence**

  전체 내용을 정리하거나 Topic sentence를 바꾸어 표현(paraphrasing)하며, 읽는 사람이 생각할 수 있는 여지를 두는 내용을 추가하면 좋다. In conclusion, in brief, to sum up, to summarize 등으로 문장을 시작한다.

수사 전환어 (Transition Words)

문장들의 자연스러운 연결을 위하여 수사 전환어 혹은 접속사를 적절히 사용하는 것을 추천한다.

- **더 많은 정보를 추가하려고 할 때**

    also, additionally, moreover, besides, furthermore, not only A but also B

- **예제를 제시하려고 할 때**

    for example, in particular, such as, for instance, to illustrate

- **비교와 대조가 필요할 때**

    rather, similarly, likewise, nevertheless, on the other hand, whereas, however, In contrast, on the contrary

 **Example**

The Best Gift

The best gift that I have ever had was a limited-edition hat from the ABCD baseball team. **(Topic)** I received it from my grandfather last Christmas. Personally, I'm a big fan of baseball. I have collected many items related to baseball, but that hat was one thing I failed to get. It came out as a limited edition, so there were not enough for everyone to get. On Christmas Day, my grandfather surprised me with that gift. My grandfather searched on E-bay and became successful in finding the person who was trying to sell the hat. I was very impressed and excited. I hugged my grandfather with great joy, and he was even happier to see me happy. **(Supporting: example and explanation)** I cannot forget that Christmas Day - not only for the gift but also for my grandfather's love to me. **(Conclusion)**

• 해석

최고의 선물

내가 받았던 가장 최고의 선물은 ABCD 야구팀의 한정판 모자였다. 지난 크리스마스에 할아버지로부터 받은 것이다. 개인적으로 나는 야구를 정말 좋아한다. 야구와 관련된 많은 품목들을 수집하였으나, 그 모자는 내가 유일하게 얻지 못했던 것이었다. 한정판으로 나와서 모든 사람들이 사기에는 충분하지 않았다. 크리스마스날 할아버지가 그 선물로 나를 놀라게 하셨다. 할아버지는 이베이를 뒤져서 그 모자 파는 사람을 찾는 데 성공하셨다. 나는 매우 감동받았으며 흥분되었다. 나는 매우 기뻐서 할아버지를 껴안았고, 할아버지는 내가 행복해하는 것을 보며 더 행복해하셨다. 나는 선물뿐만 아니라, 나에 대한 할아버지의 사랑으로 그 크리스마스 날을 잊을 수가 없다.

Exercise

아래 주어진 주제와 관련된 문단을 작성해보자. 단, 앞서 언급한 Topic sentence, Supporting Sentence(s), Concluding Sentence가 모두 포함되어야 한다.

My Favorite Subject

Sample Answer

My favorite subject is English. **(Topic)** I'd like to read interesting and exciting literature. In school, I read everything from Greek mythology to contemporary American literature. I also like to read non-fiction and essays. From my English class, I can talk about these nice works with my teacher and classmates. It's called a debate session, and I really enjoy this part of the class. **(Supporting: examples)** There is no class that compares to English when it comes to my favorite subject. **(Conclusion)**

• 해석

내가 가장 좋아하는 과목은 영어이다. 나는 재미있고, 흥미진진한 문학 읽는 것을 좋아한다. 학교에서는 그리스 신화에서부터 현대 미국 문학에 이르기까지 모든 것을 읽는다. 나는 또한 논픽션과 에세이를 읽는 것을 좋아한다. 영어시간에 나는 선생님과 반 친구들과 함께 훌륭한 작품들에 대해 이야기를 할 수 있다. 이를 토론회라고 하는데, 나는 수업에서 이부분을 가장 즐긴다. 내가 가장 좋아하는 과목에 관해서라면 영어에 견줄 수 있는 과목은 없다.

1-2 글의 형식

에세이는 특정 주제를 다루는 글을 말한다. 에세이의 성격에 따라 분석적, 논증적, 비평적, 설명적, 서술적 에세이 등으로 분류할 수 있다. GWT는 에세이 주제가 주어지므로 주어진 주제에 대한 세부 내용이나 찬반 의견을 쓰면 된다. 일상생활, 소셜미디어의 영향, 사회경제학적 의견 등 다양한 주제를 아우른다. 주제를 제대로 파악해야 적절한 글이 나올 수 있으므로, 지시문의 키워드를 먼저 제대로 파악하는 것이 매우 중요하다.

에세이 쓰는 법

에세이는 서론, 본론, 결론으로 구성되어 있으며, 서론에는 주제문(Thesis statement)를 꼭 포함하여야 한다. 본론에서는 주제(주장)을 뒷받침하는 근거를 쓰도록 하고, 결론에는 전체 글을 아우르는 문장 작성 또는 서론에서 언급한 주제문(Thesis statement)을 바꾸어 표현하는 것이 꼭 필요하다.

> **Plus** GWT 파트5가 에세이 유형에 해당하지만, 시험이라는 특수성에 따라 분량이 제한적이므로 수험자는 양식을 제대로 갖춘 긴 에세이보다는 1~2문단으로 글을 구성하도록 한다. 서론에 주제문(Thesis statement) 1문장, 결론은 1~2문장으로 간단히 작성하고, 나머지는 설명과 예제로 구성된 본론으로 글을 구성한다.

Example

Can cell phones be good for teenagers?

Nowadays, many teenagers have cell phones. <u>There are some positive factors about them.</u> **(Thesis statement)** First, it is very convenient to enjoy many activities by yourself. Even without company, you can do many things on your own to make yourself happy. It's hard to find people to do something together because everybody is busy with their own schedule. On top of that, cell phones can be used for a variety of usages. For example, you can use it as a dictionary, music player, messenger, calendar, and even a flashlight. While some adults express their concerns about teenagers' excessive use of cell phones, they can be used as a convenient device, as I explained. **(Body)** <u>Therefore, I strongly believe cell phones can be positive for teenagers in some way.</u> **(Conclusion)**

> **Plus** 모든 영어 작문에서 바꾸어 표현하기(paraphrasing)는 좋은 평가를 받는다. 예를 들어, 주제에 긍정(혹은 동의)하는 내용으로 에세이를 정했다면, 주제문에서 긍정적인 표현에 집중해보자. 같은 표현을 반복해서 쓰는 것보다 다양하게 바꾸어 표현하여 풍부한 어휘력과 표현력을 보여주는 것이 고득점의 지름길이다. 예를 들어, "Cell phones are good for teenagers"를 "There are some positive factors about them", "cell phones can be positive for teenagers" 등으로 표현할 수 있다.

• 해석

휴대전화는 10대들에게 유익한가?

요즘에 많은 십대들이 휴대폰을 가지고 있다. 휴대폰에는 몇 가지 긍정적인 요소들이 있다. 첫째, 혼자서 많은 활동을 즐기기에 매우 편리하다. 친구가 없을 때조차 당신은 자신을 행복하게 할 많은 것을 스스로 할 수 있다. 모든 이들은 자기의 스케줄에 바쁘기 때문에, 사람들이 함께 무언가를 같이 하기는 쉽지 않다. 게다가 휴대폰은 다양한 용도로 사용될 수 있다. 예를 들어, 당신은 그것을 사전, 음악 플레이어, 메신저, 달력, 그리고 심지어 손전등으로 사용할 수 있다. 일부 어른들은 십대들의 과도한 휴대폰 사용에 대한 우려를 표명하지만, 내가 설명했듯이, 그것들은 편리한 장치로 사용될 수 있다. 그러므로 나는 휴대폰이 어떤 면에서 십대들에게 긍정적일 수 있다고 굳게 믿는다.

Exercise

다음 질문들은 에세이 작문에 자주 등장하는 질문들이다. 배운 내용을 고려하여 100자 이상의 짧은 에세이를 써보자.

1. Is social media damaging to our personal relationships?
2. Does travelling benefit young people?
3. Should soft drinks like Coke or Pepsi be sold in school vending machines?
4. Should college and university be free?
5. Are professional sports players' salaries too high?
6. Should physical education be mandatory in high school?

Sample Answer

4. Should college and university be free?

<u>Colleges cannot maintain high standards while being free and open to everyone.</u> **(Thesis statement)** If colleges require no tuition and accept everyone from a local area, it's reasonable to assume that a high number of aimless teenagers would attend, whether they actually wanted to learn anything or not. Colleges already offer sizable grants, making education affordable to students who have shown strong academic ability and the focus to use what they are taught. **<Reason1>** Also, loans are available to make college possible for students who need them. Loans encourage students to understand that college is not merely a chance to party and have fun; it's an investment in your future. **<Reason2> (Body)** <u>We need more students to take their college education seriously, not more students who want to party and don't feel like getting a job.</u> **(Conclusion)**

Plus free를 no tuition으로 바꾸어 표현하였으며, aimless teenager와 반대되는 개념으로 strong academic ability를 사용하고 있다.

● 해석

대학은 무료여야 하는가?

대학은 모든 사람에게 자유롭고 개방적인 상태에서 높은 수준을 유지할 수 없다. 만약 대학들이 등록금을 요구하지 않고 지역으로부터 모든 사람들을 받아들인다면, 많은 목적 없는 십대들이 실제로 그들이 무언가를 배우고 싶던 아니던 간에 대학에 다니려 할 수 있다고 추정해볼 수 있다. 대학은 이미 엄청난 등록금을 제공하고 있어, 좋은 학업적 능력을 보여주고 배운 것을 사용하는 것에 집중하는 학생들에게 경제적으로 부담 없도록 해주고 있다. 또한, 대출은 필요한 학생들에게 대학을 가능한 곳으로 만들어준다. 대출은 학생들로 하여금 대학이라는 것이 단지 파티를 열고 즐길 수 있는 기회가 아니라, 미래를 위한 투자라는 것을 이해할 수 있도록 해준다. 우리는 파티 하기를 원하고 취직하고 싶지 않은 학생들이 아니라, 대학교육을 진지하게 받아들이는 학생들이 더 많이 필요하다.

6. Should physical education be mandatory in high school?

There's a heated debate over whether physical education should be mandatory in high school. I personally believe PE should be required in high school. **(Thesis statement)** First, PE is a way to give students a mental break from academic classes. For instance, nowadays, students get lots of pressure from intensive academic burdens. In countries like Korea, China, and Japan, this phenomenon is more serious than other countries. If there were no PE classes, there would be no official way for students to vent stress and relax themselves from academic burdens. On top of that, PE provides a way for students to stay healthy and fit. To be more specific, these days many students lack physical activity because they spend most of the time in classes. PE requires students to use their bodies and perform basic physical activities. When I was a student, I didn't enjoy working out, and sometimes I hardly exercised. However, PE classes from my school got me to at least have some physical movement. **(Body)**

Therefore, I believe physical education should be mandatory in schools. **(Conclusion)**

Plus 본론에서 physical activity가 physical movement로 바꾸어 표현 되었다.

• 해석

고등학교에서 체육은 의무화되어야 하는가?

고등학교에서 체육이 의무화되어야 하는지에 대해 열띤 논쟁이 벌어지고 있다. 나는 개인적으로 고등학교에서 체육은 의무화되어야 한다고 생각한다. 첫번째로, 체육은 학업과목으로부터 정신적인 휴식을 제공해준다. 예를 들어, 현재에 학생들은 강력한 학업 부담으로부터 많은 압박을 받는다. 한국, 중국 그리고 일본과 같은 나라에서는, 이 현상은 다른 나라에서 보다 훨씬 더 심각하다. 체육과목이 없었다면, 학생들이 학업 부담으로부터 스트레스를 분출하고 휴식할 수 있는 공식적인 방식이 없다. 게다가, 체육은 학생들이 건강하고 단련되게 할 수 있는 방법을 제공해준다. 구체적으로 말하면, 현대의 많은 학생들이 수업에서 대부분의 시간을 보내기 때문에 물리적인 활동이 부족하다. 체육은 학생들이 그들의 몸을 사용하고 기본적인 신체 활동을 하도록 요구한다. 학생이었을 때 나는 운동을 즐기지 않았고, 때로는 운동을 거의 하지 않았다. 그러나 학교에서의 체육 수업은 나로 하여금 최소한의 신체 운동은 하도록 했다. 그러므로 나는 체육이 학교에서 의무화가 되어야 한다고 생각한다.

1-3 편지 쓰는 법

편지글(이메일)도 기본 형식을 익힌다면 좀 더 쉽게 쓸 수 있다. 시작에는 수신인 이름, 본인 소개와 인사, 본론에는 편지 쓰는 목적과 세부 설명, 마무리는 감사의 표현, 발신인의 연락처 등으로 구성하는 것이 보편적이다. 기본 편지 형식과 자주 쓰이는 문구를 살펴보겠다.

Plus GWT Part 2는 지인에게 쓰는 편지, Part 3은 좀 더 공식적인 업무용 편지라는 점을 기억하자.

Personal Letter

사적인 편지(지인에게 쓰는 편지)는 수험자가 원하는 방식으로 써도 상관없으나 에세이와 마찬가지로 Opening, Body, Conclusion으로 글을 구성하는 것이 기본이다. 아래 기본 구성 요소와 예문을 익혀보자.

- **Address**

    Number and street name
    City, state and postal code
    Country

- **Greeting**

    Dear Richard,
    Richard,
    Hi Richard,

- **Opening**

    How are you?
    How have you been?
    How is life treating you?
    How are the kids?
    I hope you are doing well.
    I hope you, Mike, and the kids are having a great time in (location).

- **Body**

    편지를 쓰는 이유를 언급한다.
    첫 번째로 언급했던 편지 쓰는 이유를 자세히 설명해준다.

• • Conclusion

I am looking forward to seeing you.
I can't wait to see you soon.
I can't wait to hear from you.
I am looking forward to hearing from you soon.
I hope to hear from you soon.
See you soon.
Send my love to...
I hope you are doing well.
Give my regards to...

• • Closing

Love,
Best,
Kindly,
Cheers,
Take care,
Lots of love,
Best wishes,
Best regards,
Kind regards,

Example

No11, Pearl Road,
32000 Main street,
New Jersey

Dear MJ, **(Greeting)**

(Opening)

How have you been, MJ? It couldn't be better with me. I'm very happy in my new school, especially the dorms, which are very spacious and cozy. 인사와 안부 묻기

(Body)

The reason why I'm writing this e-mail is that I want to invite you to the open house at my dorm. We usually have very strict rules in the dorm. However, this time, I can invite as many friends as possible to my dorm. I can show you my room and other good facilities. Plus, you can meet my nice roommate. Remember I talked about her? **편지의 목적 기술**

(Conclusion)

You have to make sure to get back to me as soon as possible because I have to let the dorm office know that you are coming. We have to let them know who will attend. I look forward to seeing you. **부탁사항 전달**

Lots of love, **(Closing)**

Julia

• 해석

**No11, Pearl Road,
32000 Main street,
New Jersey**

MJ에게

MJ 잘 지냈냐? 난 더할 나위 없이 좋았어. 나는 새 학교, 특히 매우 넓고 안락한 기숙사에서 매우 행복하게 지내고 있어.

이 이메일을 쓰는 이유는 너를 내 기숙사 오픈하우스에 초대하고 싶어서야. 우리는 보통 기숙사에 매우 엄격한 규칙을 가지고 있어. 그런데 이번에는 내가 기숙사에 가능한한 많은 친구를 초대할 수 있게 되었 단다. 나는 너에게 내 방과 다른 시설들을 보여줄 수 있어. 게다가 너는 내 멋진 룸메이트를 만날 수 있을 거야. 내가 그녀에 대해 말했던 거 기억나니?

네가 온다는 사실을 기숙사 사무실에 알려야 하니까 가능한 한 빨리 나에게 연락을 줘. 누가 오는지 그들에게 알려 줘야 해. 너를 곧 만나길 기대해.

Julia가

Exercise

여름방학을 함께 보내도록, 고향으로 친구를 초대하는 편지를 쓰시오. 안부/초대, 계획/촉구, 기대의 말 등을 포함하여 자유롭게 쓰시오.

📝 Sample Answer

#482, Darrow drive
Tempe, Phoenix

Dear Linda,

It's been quite a while since I've heard from you. How have you been?

As summer approaches, I was thinking if we could spend some time together at my place in Seoul. I really want to introduce you to my family and friends. I know you've never been to Seoul before. It would be fun if I gave you a city tour. Seoul has many beautiful palaces and parks. You would love them.

By the way, I have to tell my mom that you are coming so that she can prepare the room you will stay in. Please get back to me as soon as possible once you read this letter. Plus, give my best regards to your parents as well.

Hope to hear from you soon.

Best wishes,

Susan

• 해석

#482, Darrow drive
Tempe, Phoenix

Linda에게

너의 소식을 들은 지 꽤 됐구나. 어떻게 지내고 있어?

여름이 다가옴에 따라, 서울에 있는 우리 집에서 함께 시간을 보낼 수 있을까 하고 생각하고 있었어. 나는 너를 우리 가족과 친구들에게 꼭 소개하고 싶어. 네가 서울에 한 번도 와본 적이 없다는 걸 알아. 내가 너에게 도시 관광을 시켜주면 재미있을 것 같아. 서울에는 아름다운 궁전과 공원들이 많이 있어. 너는 그것들을 좋아할 거야.

그나저나, 네가 머무를 방을 준비하기 위해 네가 온다고 엄마한테 말을 해야 해. 그러니 이 편지를 읽으면 최대한 빨리 나에게 답변을 줘. 그리고 너희 부모님께도 내 안부 전해줘.

곧 소식을 듣기를 바래.

Susan이

Formal Letter

공식적인 편지는 확실한 목적이 있는 편지이다. 정보를 요청하거나, 제안을 하거나, 요구 등을 할 때 주로 쓰며, 이메일도 에세이처럼 어느 정도의 형식이 필요하다. 시작에는 수신자 이름과 본인의 소개, 본론에는 편지를 쓰게 된 동기, 세부 설명, 마무리는 감사, 요구, 발신자 연락처 등이 포함되어야 한다.

Contact information & Address

Name
Title
Company
Address
City, State Zip Code
Date

Plus 편지 수신인의 주소를 왼쪽 상단에 작성한다. 본인의 연락처는 꼭 작성하지 않아도 된다.

Greeting

1) 이름을 모를 경우

   Dear Sir or Madam,
   To whom it may concern,
   Dear Human Resources Manager,

2) 이름을 알 경우

   Dear + First Name Last Name,

Dear + Mr./Ms./Dr./Prof. Last Name,
(Dear 생략) + First Name (친한 사이의 경우)
Dear + Job Title,

Plus GWT에서는 수신인의 이름이 대부분 주어지기 때문에, 편지에 주어진 이름을 언급해주면 된다. 여자일 경우 Mrs./Miss.는 사용하지 말고, 되도록 Ms.를 사용하도록 한다.

•• Opening

도입부에서는 글 쓰는 목적과 의도를 전달하는 것이 아주 중요하다. 목적/의도를 전달하는 경우에도 패턴화된 표현들이 주로 쓰이게 되므로 다수의 관용표현들을 잘 숙지하고 본인이 쓰고자 하는 내용으로 응용을 하는 것이 중요하다.

I(We) am(are) writing (to you)	about
	regarding / concerning
	with regard to / in regard to / with respect to
	to V (~하기 위해)
~에 관해 (귀하께) 편지 드립니다.	

I am writing about your request for reserving the grand hall at Thavorn Hotel on 10 October.
10월 10일 Thavorn Hotel에서의 그랜드 홀을 예약하시려는 귀하의 요청에 대해 편지 드립니다.

I am writing regarding the order of promotional posters targeting your potential hotel guests.
저는 미래 호텔 손님들을 겨냥한 홍보용 포스터들의 주문에 대해 편지 드립니다.

We are writing to you concerning the event scheduled to be held at Carson Convention Center next week.
저희는 다음주 Carson Convention Center에서 열리기로 예정된 행사와 관련해서 편지 드립니다.

I am writing with respect to your recent order placed on December 20.
12월 20일 귀하의 최근 주문에 대해 편지 드립니다.

We are writing in regard to the confirmation of your reservation made through our website.
저희 웹사이트를 통해 해 주신 귀하의 예약 확인과 관련해서 편지 드립니다.

I am writing to let you know that the shipment of uniforms will be late.
유니폼의 배송이 늦어지게 될 점을 알려 드리기 위해 편지 드립니다.

Body

도입부에서 편지의 목적과 의도를 전달하였으면 내용부분에서는 그와 관련한 세부내용을 전달하는 것이 중요하다. 물론 목적/의도에서 벗어나는 세부내용은 피해야 하고, 세부내용도 가능한 육하원칙에 맞춰서 작성하는 것이 좋다. 또한 편지에 첨부된 내용 등이 있다면 언급해 주는 것도 좋다.

As you (may) know,	주어 + 동사 ~
As you are aware,	
~에 관해 (귀하께) 편지 드립니다.	

As you may know, there are two options of getting a refund or exchange for another item at the same price.
귀하께서 알다시피, 환불을 받으시거나, 같은 가격의 다른 물건으로 교환하시는 두가지 선택이 있습니다.
As you may have known, the budget report was supposed to be submitted by last Monday.
귀하가 아셨겠지만, 그 예산 보고서는 지난 월요일까지 제출되어야 했습니다.
As you are aware, we are planning to expand into new markets such as China and India.
귀하께서 알다시피, 저희는 중국과 인도와 같은 새로운 시장으로 확장할 계획 중에 있습니다.
As you know, we are planning to expand into new markets such as China and India.
귀하께서 알다시피, 저희는 중국과 인도와 같은 새로운 시장으로 확장할 계획 중에 있습니다.

I have attached	+ 서류 등
Attached is	
서류 등을 첨부했습니다.	

I have attached an estimate for you to review, and it includes both the total price and tax.
저는 귀하께서 살펴보실 견적서를 첨부했고, 그것은 총 가격과 세금을 포함하고 있습니다.
Attached is the entire amount I spent during the last business trip.
지난 출장동안 제가 지출했던 전체 금액을 첨부했습니다.
I have made a few changes to the proceedings for the management meeting, and a revised agenda is attached.
저는 경영진 회의에 대한 회의록 몇 가지 변경을 했고, 수정된 안건은 첨부되었습니다.

To prepare, I have attached an article by an economist that covers recent trends in our field.

준비하기 위해서, 저는 저희 분야에서 최신 트렌드를 다루고 있는 경제학자에 의한 논문을 하나 첨부했습니다.

Plus GWT의 경우 Part 2, 3에서 편지 쓰기에 대해 다루고 있으며, 각각 그 목적에 관해서 매우 구체적으로 설명이 되어 있으므로 지시문에 안내된 정보와 내용을 모두 포함하여 작성하여야 고득점을 받을 수 있다.

Conclusion

마무리에서는 수신인이 해줬으면 하는 요청, 요구, 부탁사항을 전달해야 한다. 물론 편지의 처음부터 요청, 요구 등을 언급하는 경우도 있지만 보통은 마무리하는 시점에서 요청, 요구를 언급하는 편이다. 요청, 요구, 부탁을 할 때도 너무 직설적으로 표현하지 않도록 해야 한다. 또한 편지에서 드러낼 수 있는 감정을 다시 한번 표현할 수 있다. 대부분은 감사함, 기대감 그리고 사과의 내용을 적는다. 이 중에서도 차후에 일어날 상황에 대한 기대감을 적음으로써 정중함과 일어나길 바라는 일에 대한 기대를 보여준다.

I look forward to meeting you.
I look forward to your reply.
Thanks for your consideration.
Thank you for your understanding.

<요청, 요구, 부탁사항 정리>

| If you ~, | please ~ |
| | It would be great (good). |

~하시다면, ~해 주세요/좋을 것 같습니다.

If you would like further information about the convention, you can reach me at 21-565-4875.

귀하께서 그 회의에 대해서 추가적인 정보를 원하신다면, 저에게 21-565-4875로 연락주세요.

If you decide to attend the training session on Friday morning, please report the two hours under the code 1S.

귀하께서 금요일 오전 훈련과정에 참석하기로 결정하신다면, 1S코드로 그 2시간을 보고해 주세요.

If you could create a space on the website for customers to talk about any inconvenience, it would be great.

웹사이트에 고객들이 어떠한 불편에 대해서 언급할 수 있는 공간을 만들 수 있다면, 좋을 것 같습니다.

Chapter 1. Writing Tips

If there is anything you do not understand in the document, please do not hesitate to contact us with any questions.
서류에서 이해가 안되시는 어떤 것이라도 있다면, 저희에게 어떤 질문이라도 연락주세요. (연락하는 것을 망설이지 마세요.)
Feel free to contact me if you have any questions.
어떠한 질문이라도 있으시다면 저에게 부담없이 연락주세요.

< 미래상황에 대한 기대/희망 >

I hope	(that) 주어 + 동사
I look forward to	Ving (동명사)
~하길 희망/기대합니다.	

I hope that you will come back with some good news for our team.
저는 귀하께서 저희 팀을 위해 어떤 좋은 소식을 가지고 돌아 오시길 희망합니다.
I hope we can find a mutually agreeable solution.
저는 우리가 상호적으로 합의할 수 있는 해결책을 찾을 수 있길 희망합니다.
I hope you can seize this opportunity to find new ways to work effectively.
저는 귀하께서 효과적으로 일할 수 있는 새로운 방법을 찾을 수 있 이 기회를 잡을 수 있길 희망합니다.
Good luck, and I hope you will enjoy working at Georgie.
행운을 빌고, 저는 귀하께서 Georgie에서 즐겁게 근무하시길 희망합니다.
I look forward to speaking with you at your earliest convenience.
저는 귀하가 편하실 때 대화를 나누길 기대합니다.
We are pleased to have you as a customer, and we look forward to hearing from you soon.
저희는 귀하를 고객으로 맞이하게 되어 기쁘게 생각하고, 곧 당신의 연락을 기대하겠습니다.
I look forward to working with you to collect data throughout the duration of the project.
저는 프로젝트 기간 동안 데이터를 수집하기 위해 귀하와 함께 근무하길 기대합니다.
We look forward to working alongside enthusiastic and committed team members like yourself.
저희는 귀하와 같은 열정적이고, 헌신적인 팀 멤버들과 함께 근무하길 기대합니다.

Closing

Sincerely: 공식적인 비즈니스 이메일에서 가장 무난히 쓸 수 있다.
Sincerely yours: Sincerely의 변형표현이라 할 수 있다.
Respectfully: 아주 공식적으로 쓰는 표현이다.
Yours truly: 역시 정중하고, 공식적인 느낌의 표현이다.
Yours Faithfully 혹은 Yours: Yours truly와 유사한 정도의 표현이다.
Best regards: 다소간 공식적으로 쓰일 수 있고, 가장 많이 쓰이는 표현이다.
(Best 대신에 Kind, Warm 등을 써도 된다.)
Best wishes: Best regards 정도의 표현이라고 볼 수 있다.

 Cheers, Love, Take care 이런 표현들은 아주 가까운 관계에게 쓰며, 공식적인 이메일에서는 적절하지 않다.

Example

The Manager
ABC restaurant

(Date)

Dear Sir/Madam, **(Greeting)**

(Opening)
I am writing to complain about the service we had in your restaurant last weekend.
Purpose of the letter 편지의 목적 기술

(Body)
We had made a reservation for 6, but there were no free tables when we got there, and we had to wait for an hour for a table. Also, some of the menu was not available because the ingredients had run out. We had to order what we didn't have in mind, and the food even came out late. What's worse was the food was undercooked, and the waiter refused to ask for it to be cooked again. **Explaining cases and details 세부 내용의 기술**

(Conclusion)

The reason I am writing this mail is not that I want refund. I would like you to improve the quality of your dishes and service. Since I've eatean in your restaurant for more than five years, I feel bad that such things have happened. I would be happy if you welcome me with better service on my next visit. **Urging what he wants 촉구 & Expressing his hope 바램의 표현**

I look forward to your reply.

Yours faithfully, **(Closing)**

Sue

• 해석

**ABC 레스토랑
매니저에게**

담당자님께

지난 주말에 당신의 식당에서 받았던 서비스에 대해 불평하려고 편지를 씁니다.

우리는 여섯 시에 예약을 했습니다. 그런데 우리가 도착했을 때는 비어 있는 테이블이 없더군요. 그래서 우리는 테이블이 나올 때까지 한 시간을 기다려야 했습니다. 또한 메뉴의 일부는 재료가 떨어졌다며 없다고 하던 데요. 우리는 별로 내키지 않는 것을 시켜야 했습니다. 심지어 음식도 늦게 나오더군요. 더 심한 것은 음식이 덜 익혀져 나왔는데 웨이터는 그것을 다시 요리해 달라고 부탁하는 것을 거절했습니다.

제가 이 편지를 쓰는 이유는, 환불을 원해서는 아닙니다. 저는 당신이 당신 음식과 서비스의 질을 향상시키기를 원합니다. 여기에서 지난 5년 이상 식사를 해왔기에, 이런 일이 일어났다는 점에 매우 유감입니다. 다음 방문에는 더 나은 서비스로 저를 맞아 주시면 좋겠습니다.

답장을 기다리겠습니다.

Sue올림

Exercise

호텔에서 받았던 불만족스러운 서비스를 알리는 편지를 쓰시오. 당신이 예약한 방이 예정된 시간보다 늦게 준비된 점에 대해서 불만을 제기하고, 답변을 촉구하는 문구 등을 포함하여 자유롭게 쓰시오.

Sample Answer

ABC hotel
New York

To whom it may concern,

I am writing to you in order to explain a bad experience at your hotel on the 24th of November.

My voucher said I could check in at 3:00 p.m., but my room wasn't ready at the time of my arrival. I arrived at your hotel at 4:00 p.m., and it was even an hour later than my original check-in time. Anyhow, I could only get into my room at 4:30, and the maid was still cleaning. She said she needed another 30 minutes. Nobody said sorry for this, and I had to wait outside my room while watching the lady clean. It was the worst experience I have ever had since I've been your guest.

The reason that I am writing this e-mail is not that I want any compensation. Since I've been a loyal customer with this hotel for the last 10 years, I feel really bad about my experience. It can happen when the room is not ready, but not making proper apologies for that is not acceptable.

I hope you take this matter seriously, and improve your service in the future.

Sincerely,

Tom

• 해석

ABC hotel
New York

담당자분께,

제가 이 편지를 쓰는 이유는, 11월 24일에 당신 호텔에서 있었던 안 좋은 경험에 대해서 설명하기 위해서 입니다.

제 상품권에 따르면, 제가 3시에 체크인할 수 있다고 했는데, 제가 도착했을 때 제 방은 준비가 안 되어있더군요. 저는 4시에 도착했고, 원래 체크인 시간보다 한 시간이나 늦은 시간이었죠. 어쨌든, 4시 30분에 제 방에 도착했습니다, 그런데 메이드가 청소를 하고 있더군요. 30분이 더 필요하다고 했습니다. 누구도 미안하다는 말조차 하지 않았고, 저는 그녀가 청소하는 것을 보며 방 밖에서 기다려야 했죠. 제가 이 호텔 게스트인 이래로 최악의 경험이었습니다.

제가 이 편지를 쓰는 이유는 보상을 원해서가 아닙니다. 제가 이 호텔에 지난 10년 동안 충성 고객이기 때문에, 이 사건에 매우 유감입니다. 방은 준비가 안 될 수도 있지만, 적절한 사과가 없는 것은 용납할 수 없습니다.

이 문제에 대해서 심각하게 생각하고, 앞날을 위해 서비스 개선을 바랍니다.

Tom올림

영어 작문능력 평가 시험

G-TELP Writing Test
공식수험서

Chapter 2
Grammar Tips

General Tests of English Language Proficiency

Chapter 2.
Grammar Tips

General Tests of English Language Proficiency

2-1 주어동사 일치 Subject-Verb Agreement

🏷️ 기본규칙

단수 주어에는 단수 동사, 복수 주어에는 복수 동사를 쓴다.

The girl walks to school.
The girls walk to school.

🏷️ 전치사구 뒤의 동사일치

동사 바로 앞에 있는 명사에 수일치가 아니라, 동사의 주어에 수일치를 해야 하므로 혼동하지 않도록 유의해야한다.

The key (to the garage) ~~are~~ is in my pocket.
The keys (to the garage) ~~is~~ are in my pocket.

🏷️ 관계대명사절에서의 일치

선행사와 관계대명사절 내의 동사는 일치가 되어야 하며, 선행사가 문장 전체의 주어일 때, 문장 전체의 동사와도 일치가 되어야 한다.

The man who ~~are~~ is talking to my friends ~~live~~ lives next door.

수량 형용사 뒤에서의 일치: 수량 형용사가 쓰일 경우에는 뒤의 수식 받는 명사와 동사가 수일치 되어야 한다.

All of the books ~~was~~ were exciting.

Most of the movie ~~were~~ was interesting.

Half of the food ~~are~~ is still in the fridge.

📋 Exercise

1. I saw the woman who **(live)** next door.

2. Most of the water **(be)** contaminated.

3. The girls by the door **(be)** my friends.

 정답 1. lives 2. is 3. are

2-2 시제 일치 Tense Agreement

기본규칙

1. 한 문장 안에서는 대부분 같은 시점이므로, 주로 같은 시제를 사용한다.

She **doesn't like** the fact that John **is** her teacher. (현재)

The boss **knew** that employees **wanted** a break. (과거)

2. 시간이나 조건 부사절에서는 현재가 미래를 대신한다.

When the project **is** over, three days paid leave will be provided.

If Jane **marries** her old friend, she will be happy.

3. 시점의 부사시제와 일치시킨다.

- 과거부사: last / past / ago / yesterday

    My grandmother **died** three years **ago**.

- 미래부사: tomorrow / soon / shortly / next

    Our policy **will take** effect starting **next month**.

4. 일반적인 사실/진리나 반복적으로 일어나는 일은 현재시제로 사용한다.

The Earth **revolves** around the Sun.

She told me that she **works** out every day.

Exercise

1. Before Lee was elected as the President, he **(be)** the governor.

2. When it **(rain)**, it pours.

3. The festival **(finish)** last week.

정답: 1. was 2. rains 3. finished

2-3 명사 / 대명사 Noun / Pronoun

기본규칙

1 대명사는 격에 일치해야 한다.

Ms. Smith saw the film with her brother. → She saw it with him.

2 대명사 소유격 뒤에는 명사가 따라와야 하고, 소유대명사는 독립적으로 쓰인다.

Amy gave us her television. (her → 소유격)

Amy gave us hers. (hers → 소유대명사)

3 대명사는 가리키는 명사의 수에 일치해야 한다.

If my friend calls, please ask him to call back later. (my friend = him)

Exercise

잘못된 부분을 고쳐 다시 쓰시오.

1. We offered she a place to stay.

2. They will take theirs car or our.

3. The windows were open, and I closed it.

정답 1. she → her 2. theirs → their / our → ours 3. it → them

2-4 명사절 / 형용사절 / 부사 Noun, Adjective, Adverb Clause

기본규칙

문장 내에 접속사가 쓰이게 되면, 절은 접속사 수보다 하나 더 많게 된다.

> [공식] 문장 내 절의 수 = 접속사 수 + 1

명사절 접속사 Noun Clause Connector

1 명사절 접속사에는 **what / when / where / when / how / whether / if / that** 등이 있다.

She told me **when** I should pick her up.
We still don't believe **what** he said to us.
I believe **that** you did it.

2 명사절은 문장 내에서 명사처럼 쓰여서, 주어, 목적어, 보어, 전치사의 목적어로 쓰일 수 있다.

I know what happened yesterday. (동사의 목적어)
I am still thinking about what happened yesterday. (전치사의 목적어)

3 명사절에서의 어순은?

> [공식] 접속사 + 주어 + 동사

형용사절 접속사 Adjective Clause Connector

1 형용사절 접속사에는 **whom / which / that** 등이 있다.

2 형용사절은 관계대명사절이라고도 하며, 명사 뒤에 쓰여서 그 명사를 서술 또는 수식해 준다. 그 명사는 선행사라고 한다.

I don't believe the story **that he told me**.
→ "that he told me"는 관계대명사절 또는 형용사절이며, 선행사 story를 꾸며준다.

③ 관계대명사 목적격 또는 관계대명사주격+be동사는 생략이 가능하다.

The dress **(that)** I used to wear is now worn-out.
→ that은 목적격이므로 생략 가능하다

The dress **(that was)** on sale was beautiful.
→ 주격관계대명사+ be 동사의 형태이므로 that was는 생략 가능하다.

④ 형용사절 접속사는 문장을 연결하는 기능만 하고, 해석은 하지 않는다.

⑤ 형용사절 접속사 뒤에는 불완전한 문장이 따라 나와야 한다. 주어가 없는 불완전 문장일 경우 형용사절 접속사는 주격이 되며, 목적어가 없는 불완전한 문장일 경우 형용사절 접속사는 목적격이 된다.

🏷️ 부사절 접속사 Adverb Clause Connector

① 부사절 접속사는 다음과 같다.

시간	after, until, as, when, before, while, since
이유	because, since
조건	If, whether
대조	although, even though, though, while

② 하나의 부사절 접속사가 문장 내에 있다면, 절의 수는 2개가 된다.

Pat felt good **because** he passed the exam.
절 1: 주어 동사   절2: 주어 동사

③ 부사절 접속사(*because, although, until, if, when, while, before, after*)는 주절과 종속절을 연결할 때 사용하며, 문두, 문중에 올 수 있다. 문두에 나오면 comma(,)를 꼭 써야 하지만, 문장 중에 나온다면 필수 사항은 아니다.

Although I studied for ten hours, I didn't finish my homework.

We need to buy a new car **whether** it is on sale or not.

I went to see a doctor **because** I was sick.

④ 부사절은 "주어+동사+목적어" 또는 "주어+동사"를 다 갖춘 완전한 문장이 되어야 한다.

After the plane circled the airport, it landed on the main runway.
　　　주어　　동사　　　목적어

📋 Exercise

문장 중에 잘못된 부분을 바로 고치시오.

1. The pills can be helpful, they can also have some side effects.

2. The teacher explained where was the classroom.

3. She did not remember who in her class.

4. The phone number that you gave me were wrong.

5. He forgot to attend the meeting which it began at 9:00.

✉️ **< 정답 및 해설 >**

1. 접속사가 없으므로, 접속사를 추가한다.
   Although the pills can be helpful, they can also have some side effects.

2. 명사절 어순은 "명사절 접속사+주어+동사" 이다.
   The teacher explained where **the classroom was**.

3. 명사절 안에 동사가 없으므로 추가한다.
   She did not remember who **was** in her class.

4. 주어이자, 선행사는 The phone number인데, 본동사 were과 수일치가 되어있지 않다.
   The phone number that you gave me **was** wrong.

5. which는 주격관계대명사로 meeting을 수식하기 때문에, 관계대명사절 내에 it을 빼야 한다.
   He forgot to attend the meeting which **it** began at 9:00.

2-5 접속부사 Conjunctive Adverbs

(1) 접속부사(*ever, nevertheless, therefore, moreover, likewise, furthermore, consequently*)는, 독립절의 시작, 중간, 끝에 위치할 수 있다. 하지만, 주로, 시작이나 중간에 쓴다.

(2) 독립절의 시작에 올 때는 접속부사 뒤에 **comma(,)**를 쓴다.

I studied for ten hours. **However**, I didn't finish my homework.
I studied for ten hours. **Nevertheless**, I didn't finish my homework.
I was sick. **Therefore**, I went to see a doctor.
I was sick. **Consequently**, I went to see a doctor.

(3) 독립절 내에서 주어와 동사 사이에 올 때는, 접속부사 앞뒤로 **comma(,)**를 추가한다.

I studied for ten hours. I didn't, **however**, finish my homework.

(4) 접속부사가 두개의 독립절을 한 문장으로 연결할 때는 접속부사 앞에는 **semicolon(;)** 뒤에는 **comma(,)**를 쓴다.

I studied for ten hours; **however**, I didn't finish my homework.
I was sick; **consequently**, I went to see a doctor.

2-6 등위접속사 Coordinating Conjunctions

① 등위접속사(*for, and, nor, but, or, yet, so*)로 문장 시작은 불가하다. 등위접속사는 문장 시작이 아니라, 문장 중간에서 두개의 절을 이어준다.

② 등위접속사 사용시, 등위접속사 앞에 comma(,)를 추가한다.

I studied for ten hours, **but** I didn't finish my assignment.

I studied for ten hours, **yet** I didn't finish my composition.

I couldn't decide if I should get the work done, **or** if I should go to bed.

I was sick, **so** I went to see a doctor.

I went to see a doctor, **for** I was sick.

③ 등위접속사는 두 개의 명사, 동사, 형용사, 부사를 연결하기도 한다. 이 때는 접속사 앞에 **comma(,)**를 쓰지 않는다.

I couldn't decide if I should call him now **or** wait until he calls.

I felt nervous **and** worried.

I was thinking about homework **and** tests for tomorrow.

2-7 대화내용의 이동을 나타내는 어구 Discourse Markers in Writing

🔖 순서 Sequencing

우선: to begin with / first / primarily

둘째로, 추가로: on top of that / secondly / Besides

마지막으로: finally / lastly

결론 Concluding

결론적으로: to conclude / in conclusion / finally / consequently / therefore
요약하자면: to sum up

 ## 반대 Contrast

반면에: on the other hand / to contrast / although / otherwise / while
그러나: yet / however

 ## 예시 Illustration

예를 들면: for example / for instance / to illustrate
~에 따라: according to

 # Example

Some people consider travelling as a means of experiencing new culture <u>while</u> others believe it as just a source of entertainment. <u>However</u>, I believe that traveling is definitely a means of education. <u>First</u>, you can learn things you haven't had a chance to learn from a textbook. <u>On top of that</u>, you can have a direct experience with what you have indirectly experienced from a classroom. <u>For example</u>, you can see real wild animals while traveling in Africa. To be specific, you only imagined how these wild animals look like <u>according to</u> the books you studied with; <u>however</u>, you can see them in real life. This can be said to be a more precious learning experience, for sure. <u>To conclude</u>, traveling can be a valuable means of education.

영어 작문능력 평가 시험

G-TELP Writing Test
공식수험서

Chapter 3
Basic

General Tests of English Language Proficiency

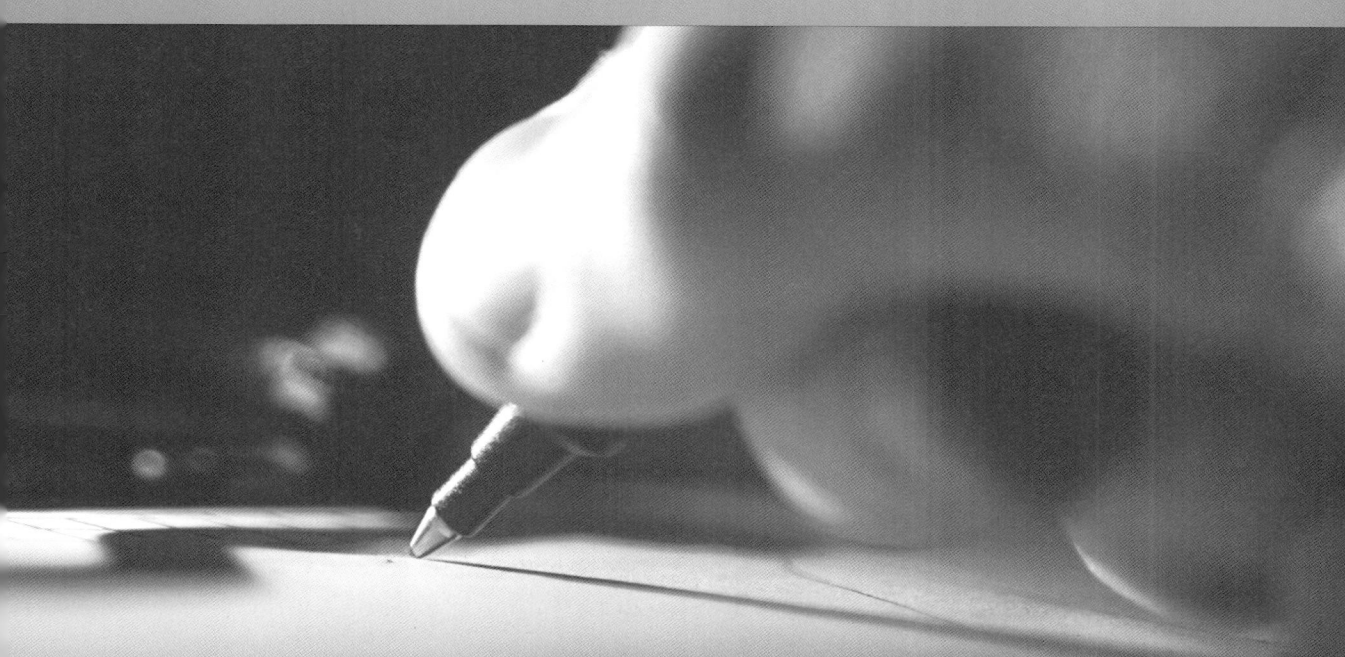

Chapter 3.
Basic

General Tests of English Language Proficiency

PART 1. Constructing a Paragraph

Directions: Compose a paragraph of at least 80 words, using at least six (6) of the following keywords, and create an appropriate title for the paragraph. You should use only one keyword for each sentence, and the sentences should support the title that you create. You will have six (6) minutes to complete this part.

다음 핵심단어 중 적어도 여섯 개를 사용하여 최소 80개 이상의 단어로 된 단락을 구성하고, 단락에 맞는 적절한 제목을 작성하십시오. 문장 마다 키워드는 하나만 사용해야 하고, 문장은 자신이 만든 제목을 뒷받침해야 합니다. 이 파트를 완성하는 데 6분이 주어질 것입니다.

🏷️ 파트 소개

이 파트에서는 주어진 단어를 이용하여 간단한 문단을 작성해야 한다. 실생활에서 흔히 접할 수 있는 쉬운 영어 단어가 주어지며, 따라서, 일상적인 내용으로 편하게 구성하면 된다.

🏷️ 파트 전략

1. 6분동안 브레인스토밍(Brainstorming)과 답변작성을 모두 마쳐야 하기 때문에, 초급자 일수록 브레인스토밍에 시간을 많이 써서는 안된다.

2. 최소 단어수인 80 단어를 최대한 채우도록 한다. 초급자 일수록 일단 정해진 단어 수만큼 쓰는 연습이 첫번째이다.

3. 완벽하게 좋은 글을 쓰려 하기 보다, 일단 편하게 많이 쓴다는 마음으로 1~2분 내에 전체 브레인스토밍(Brainstorming)을 하는 것이 좋다.

4 한 두 문장에 주어진 모든 단어를 다 넣으려고 할 필요는 없다.

5. 한 번이라도 사용한 단어는 제외하고 다른 주어진 단어를 사용하도록 한다.

6. 가벼운 이야기를 친구한테 전하는 느낌으로 편안하게 쓰면 가장 좋다.

Example 1

mall	clothes
car	restaurant
shoes	sunny
dishes	house

Sample Student Answer

Title: **Me and family going shopping**

Me and family went to mall. It was a sunny day that's why. We go there to buy clothes for office and I also buy shoes because I love those. Then, we looked for a restaurant because we become hungry. We ate where there's a lot of dishes available. After that, we come back to our house.

답변 분석

1. 주어진 응시자 답변은 일단 최소 단어 수 80단어에 못 미치는 약60단어이다. 보다 높은 점수를 받기 위해 80단어 이상은 써야한다.
2. 글 전체에 시제가 들쑥날쑥하다. 분명 과거에 일어난 일을 이야기하는 것인데, 과거시제와 현재시제가 왔다 갔다 되어있다. 시제 일치가 되어야한다.
3. 제목이 두 단어 이상이라면 단어의 시작은 대문자로 쓰는 것이 좋다.

Revised Answer

Title: ~~Me~~ **My F**amily and **I Go S**hopping

~~Me and family~~ My family and I went to the mall on the weekend. It was a sunny day, so that's why we decided to go. We ~~go~~ went there to buy clothes to wear ~~for~~ at the office. ~~and~~ I also ended up buy~~ing a new pair of~~ shoes because I just love ~~those~~ shoes. ~~Then~~ Later, we looked for a restaurant because we became hungry. We ate at a place where there~~'s~~ were a lot of different dishes available. After that, we came back to our house.

Title: **My Family and I Go Shopping**

My family and I went to the ==mall== on the weekend. It was a ==sunny== day, so that's why we decided to go. We went there to buy ==clothes== to wear at the office. I also ended up buying a new pair of ==shoes== because I just love shoes. Later, we looked for a ==restaurant== because we became hungry. We ate at a place where there were a lot of different ==dishes== available. After that, we came back to our ==house==.

• 해석

우리 가족과 나는 주말에 쇼핑몰에 갔다. 화창한 날이었기 때문에 우리는 가기로 했다. 우리는 사무실에 입을 옷을 사러 거기에 갔다. 나는 또한 신발을 좋아해서 결국에 새로운 신발을 사게 되었다. 나중에 우리는 배가 고파서 식당을 찾았다. 우리는 많은 다양한 음식들이 있는 곳에서 식사를 했다. 그 후 우리는 집으로 돌아왔다.

📄 주요 문장

My family and I went to the mall on the weekend.
우리 가족과 나는 주말에 쇼핑몰에 갔다.

It was a sunny day, so that's why we decided to go.
화창한 날이었기 때문에 우리는 가기로 했다.

We went there to buy clothes to wear at the office.
우리는 사무실에서 입을 옷을 사러 거기에 갔다.

I also ended up buying a new pair of shoes because I just love shoes.
나는 또한 신발을 좋아해서 결국에 새로운 신발을 사게 되었다.

 # Example 2

books	students
librarian	read
noise	exam
chair	homework

Sample Student Answer

Title: Studying in library

I went to the library to meet my fellow students because we will study. We got some books to read. Our exam is near so we need to study. We also did our homeworks. While I was doing my homework, I had to ask my friend a question. The librarian told us to keep quiet. We are not making any noise at the library after that.

답변 분석

1. 최소 단어 수 80단어에서 약 20단어가 부족하다. 대부분 초급자들은 최소 단어 수 채우기가 우선적으로 연습이 되어야 한다.
2. 전체적으로 시제 일치가 안 되어 있는 부분이 있다. 주로 내용이 과거의 내용이므로 과거 동사로 일치 되어야 한다.

Revised Answer

Title: Studying in the Library

I went to the library to meet my fellow students because we ~~will~~ wanted to study together. We got some books to read. Our exam is was ~~near~~ coming up so we needed to study. We also ~~did~~ needed to do our homeworks. While I was doing my homework, I had to ask my friend a question. I guess we were talking pretty loudly, because the librarian came over and gave us a stern look. ~~The librarian~~ She told us to keep quiet. We ~~are not making~~ didn't make any noise at the library after that.

Title: Studying in the Library

I went to the library to meet my fellow students because we wanted to study together. We got some books to read. Our exam was coming up so we needed to study. We also needed to do our homework. While I was doing my homework, I had to ask my friend a question. I guess we were talking pretty loudly, because the librarian came over and gave us a stern look. She told us to keep quiet. We didn't make any noise at the library after that.

• 해석

우리는 같이 공부하고 싶어서 동료 학생들을 만나러 도서관에 갔다. 우리는 읽을 책이 몇 권 있었다. 시험이 다가와서 우리는 공부를 해야 했다. 우리는 또한 우리의 숙제를 할 필요가 있었다. 숙제를 하는 동안 친구에게 질문을 해야 했다. 사서가 와서 우리에게 엄한 표정을 지은 것으로 보아, 우리는 꽤 큰 소리로 이야기 하고 있었던 거 같다. 그녀는 우리에게 조용히 하라고 말했다. 우리는 그 이후로 도서관에서 아무 소리도 내지 않았다.

주요 문장

I went to the library to meet my fellow students.
나는 동료 학생들을 만나러 도서관에 갔다.

The librarian told us to keep quiet.
사서는 우리에게 조용히 하라고 말했다.

PART 2. Composing a Personal Letter

Directions: Write a personal letter of at least 100 words based on the following situation. Make sure to include all the information provided in the situation, and to create an appropriate subject, greeting, and closing. Remember to include additional details based on the situation provided. You will have twelve (12) minutes to read the situation and to type your letter.

다음 주어진 상황에 관해서 적어도 100 단어의 개인적인 편지를 쓰시오. 상황에서 제공된 모든 정보를 포함하여, 적절한 제목, 인사, 마무리를 하도록 꼭 쓰도록 하십시오. 제공된 상황에 근거한 추가적인 세부내용을 포함하는 것을 기억하십시오. 상황에 대해 읽고, 편지를 작성하는데 12분이 주어집니다.

 파트 소개

이 파트에서는 주어진 상황을 토대로, 주어진 세부내용을 포함하여 개인적인 편지를 써야 한다. 주어진 상황은 대부분 우리가 일상에서 쉽게 접할 수 있는 쉬운 내용이다. 친구나 가족에게 편하게 이메일 쓰는 상황을 떠올리면 이해가 쉬울 것이다.

 파트 전략

Personal Letter의 형식	
Greeting	수신인에 대한 간단한 언급을 한다. Dear (name), Dear Sir/Madam, (이름이 명확하지 않을 경우)
Opening	인사, 안부 물어보기, 안부 전달하기 How are you? How have you been? How is life treating you? How are the kids? I hope you are doing well. I hope you, Mike, and the kids are having a great time in (location).

Purpose of letter	글의 목적을 밝힌다.
	I am writing (in order) to~
	I am writing about ~
	I am writing to ask you that ~
Conclusion	신신속한 답변 촉구, 질문 요청, 축하, 감사, 바램
	마무리 인사
Closing	
	Kindly,
	Best regards,
	Kind regards,
	Love,
	Lots of love, 등

Dear Sue, (Greeting)

Thank you so much for your last letter. **It was very nice to hear from you**. (간단한 인사) You seem that you are having a wonderful time in Rome. Also, I loved the postcard that you sent me. **I am doing fine, too**. (본인의 안부 전함)

I am writing this letter to ask you a couple of questions. (편지의 목적을 밝힘) Actually, I plan to visit Italy next month with my family. Since you've been there already, can you recommend nice attractions I shouldn't miss? It's hard to find good info only from books and internet.

I hope you can reply back to me by the end of next week (당부와 답변 촉구) because I'm leaving for Milan in two weeks.

Hope to see you soon. (마무리 인사)

Best regards, (Closing)

Mina

• 해석

Sue에게

지난번 편지 정말 고마워. 너의 소식을 듣게 되어 매우 기뻤다. 로마에서 즐거운 시간을 보내고 있는 것 같구나. 또한 네가 보내준 엽서도 너무 좋았 단다. 나도 잘 지내고 있어.

나는 너에게 몇 가지 질문을 하기위해 이 편지를 쓰고 있어. 사실은 가족과 함께 다음 달 이탈리아를 방문할 계획이야. 너는 이미 가봤으니, 내가 놓쳐서는 안될 멋진 명소를 추천해 줄 수 있을까? 책과 인터넷에서만 좋은 정보를 찾는 것은 어려워.

내가 이주 후에 밀라노로 출발하기 때문에 다음주 말까지 답장해 주길 바란다.

너를 곧 만나길 바란다.

Mina가

1. 좋은 일에 대한 축하, 새로운 계획 등의 가벼운 내용의 상황이 주어지는데, 상황에 관련된 모든 정보를 포함해서 글을 쓴다.
2. 제목, 인사, 마무리는 필수로 꼭 넣는다.
3. 특정 상황에 대해서 궁금해하거나, 설명하는 내용을 넣어야 할 때도 있다.
4. 간단한 조언이나 제안을 하라고 요구 될 수도 있는데, 이때도 원래 기본 표현을 외우고 있으면 훨씬 더 쉽게 쓸 수 있다.
5. 최소 단어수인 100단어를 최대한 채우도록 한다. 초급자 일수록 일단 정해진 단어 수만큼 쓰는 연습이 첫 번째이다. 정해진 분량만큼 주어진 시간에 쓰는 연습을 하는 것이 가장 중요하다.

Example 1

Suppose your sister Allie, whom you haven't seen since she went to college, sent an email telling you that she passed the USC Cheerleading Squad auditions. You are now writing her your reply.

In your email, you must:

- congratulate her for passing the auditions;
- ask how she's doing and tell her about your life;
- give her tips for a productive college journey.

이메일에 다음의 내용을 담아야 한다.

오디션에 통과한 것에 대해 축하를 한다.
어떻게 지내는지 묻고, 자신의 삶에 관해서도 이야기해준다.
생산적인 대학 생활에 관한 조언을 해준다.

Sample Student Answer

To   : allie.gibbs@usmail.com
Subject : Allie's college life

Hello Allie. I'm happy that you are now a cheerleader. Congratulations! Be a good cheerleader! Attend trainings! By the way, how are you? I miss you. I hope you ok because I am ok too and enjoy your college because it is the best part of your life! Be good student and cheerleader. Good luck!

Love,

Alice

 **답변 분석**

1. I am happy와 congratulations 두 부분이 의미가 다소 겹치므로, 간결하게 조정해서 수정해보자.
2. 너의 안부를 물은 후, 내 안부에 대해서도 간단하게 이야기해준다.
3. ok라는 표현만 한 문장 안에 두 번씩이나 사용해 자연스럽고 풍부한 표현으로 보이지 않으므로 수정해본다.
4. Student는 가산 명사이므로, 단수로 쓸 때는 관사를 꼭 쓰도록 한다.

Revised Answer

To : allie.gibbs@usmail.com
Subject : Allie's college life

Hello, Allie. ~~I'm happy that you are now a cheerleader.~~ Congratulations on passing the auditions. I was so happy to hear the news. ~~Be a good cheerleader! Attend trainings!~~ I know you'll make a great cheerleader. Remember to always attend practice, OK? By the way, how are you? As for me, I am doing well. I've been quite busy doing a new project at work. After completing this project, I'll be sure to visit your school. I miss you. I hope you are OK because ~~I am ok too~~ and enjoying ~~your~~ college because it is can be one of the best ~~part~~ experiences of your life! Be a good student and cheerleader. I'm proud of you, Allie. Good luck!

Love,

Alice

Hello, Allie. Congratulations on passing the auditions. I was so happy to hear the news. I know you'll make a great cheerleader. Remember to always attend practice, OK? By the way, how are you? As for me, I am doing well. I've been quite busy doing a new project at work. After completing this project, I'll be sure to visit your school. I miss you. I hope you are OK and enjoying college because it can be one of the best experiences of your life! Be a good student and cheerleader. I'm proud of you, Allie. Good luck!

Love,

Alice

• 해석

> **To** : allie.gibbs@usmail.com
> **Subject** : Allie의 대학 생활
>
> 안녕, Allie 오디션 합격 축하해. 나는 그 소식을 듣고 너무 기뻤어. 네가 훌륭한 치어리더가 될 거라는 걸 알아. 항상 연습하는 거 잊지 마, 알았지? 그건 그렇고, 잘 지내? 나는 잘 지내고 있어. 나는 직장에서 새 프로젝트를 하느라 꽤 바빴어. 이 프로젝트를 마치면, 나는 반드시 너희 학교를 방문할 거야. 네가 참 보고싶구나. 나는 네가 잘 지내고, 대학 생활을 즐기기를 바래. 왜냐하면 그것은 네 인생에서 가장 좋은 경험 중 하나가 될 수 있으니까! 좋은 학생이자 좋은 치어리더가 되렴. 네가 자랑스러워, Allie. 행운을 빈다.
>
> Alice가

📋 주요 문장

Congratulations on passing the auditions.
오디션에 통과한 걸 축하해.

As for me, I am doing well.
나는 잘 지내고 있어.

It can be one of the best experiences of your life.
그것은 너의 인생에서 가장 최고의 경험 중 하나가 될 수 있어.

✦ Useful Expressions

1. 축하하는 인사말	congratulations on~
2. 간단한 안부 묻기	How have you been?
3. 남에게 조언하기	Let me give you some tips.

 **Example 2**

Suppose your friend Chelsea is currently taking a vacation in Singapore and you want to learn about her experiences there. You are now writing her an email.

In your email, you must:

- ask her about her favorite tourist spots in Singapore so far;
- ask her about her favorite Singaporean food and activities;
- invite her to go with you on your next Singapore trip.

이메일에 다음의 내용을 담아야 한다.

지금까지 싱가폴에서 좋았던 관광명소에 대해서 물어본다.
선호하는 싱가폴 음식과 활동에 관해서 물어본다.
그녀를 다음 싱가폴 여행에 초청한다.

Sample Student Answer

To : chelseasmith@hotmail.com

Subject : My friend's vacation in Singapore

Dear Chelsea,

Hello. I heard you are at Singapore now to have a vacation. What is your favorite place there? Have you visited the Merlion Park? It is the most famous landmark there and the buildings are so good to llok at. What about your favorite food? I suggest the Singapore dumplings. It is delicious and affordable. I also hear so many good stufff about the Marina Bay Sands and the Night casino. By the way, I plan to go to Singapore, I want you to come along with me. Please show me the places you visited. Thank you and see you soon.

Lots of love,

cindy

답변 분석

1. Singapore과 같은 도시 앞에 전치사는, at보다는 in이 적절하다.
2. 의미에 크게 혼동될 정도의 spelling 오류를 주의해야한다. Llok -> look
3. It은 앞에 나온 dumplings를 지칭하기 때문에 복수로 받아야 하므로 they are가 맞다.
4. 앞부분에 이미 긍정적인 내용에 대해서 구체적으로 설명을 충분히 하였으므로, 굳이 넣지 않아도 될 표현이다.
5. 절 두개를 한 문장에 쓰려면 접속사가 반드시 필요하다. "절+등위접속사+절"의 형태가 되도록 and로 연결해주자.

Revised Answer

To : chelseasmith@hotmail.com
Subject : My friend's vacation in Singapore

Dear Chelsea,

Hello. I heard you are ~~at~~ in Singapore now ~~to~~ having a vacation. What is your favorite place there? Have you visited the Merlion Park? It is the most famous landmark there and the buildings are so ~~good~~ nice to ~~l~~ook at. What about your favorite food? I suggest the Singapore dum~~p~~lings. ~~It is~~ They are delicious and affordable. I also hear so ~~many~~ much good stuff~~f~~ about the Marina Bay Sands and the Night Casino. By the way, I plan to go to Singapore, and I want you to come along with me. Please show me the places you visited. Thank you and see you soon.

Lots of love,

Cindy

Dear Chelsea,

Hello. I heard you are in Singapore now having a vacation. What is your favorite place there? Have you visited the Merlion Park? It is the most famous landmark there and the buildings are so nice to look at. What about your favorite food? I suggest the Singapore dumplings. They are delicious and affordable. I also hear so much good stuff about the Marina Bay Sands and the Night Casino. By the way, I plan to go to Singapore and I want you to come along with me. Please show me the places you visited. Thank you and see you soon.

Lots of love,

Cindy

• 해석

> **To** : chelseasmith@hotmail.com
> **Subject** : My friend's vacation in Singapore

Chelsea에게

안녕, 나는 네가 지금 휴가 차 싱가폴에 있다고 들었어. 거기서 네가 가장 좋아하는 장소는 어디야? 머라이언 공원에는 가봤어? 그것은 거기에서 가장 유명한 상징이고, 건물들은 보기에도 너무 좋아. 네가 가장 좋아하는 음식은 뭐야? 나는 싱가폴 만두를 추천해. 그것들은 맛도 있고, 저렴해. Marina Bay Sands와 Night Casino에 관한 좋은 이야기도 많이 들었어. 그건 그렇고, 나도 싱가폴에 갈 계획인 데, 네가 함께 해주면 좋겠어. 네가 방문했던 곳들을 나에게 안내해줘. 고마워 곧 보자.

널 사랑하는 Cindy가

주요 문장

It is the most famous landmark there.
그것은 거기에서 가장 유명한 상징이야.

They are delicious and affordable.
그것들은 맛있고, 저렴해.

I want you to come along with me.
나는 네가 나와 함께하면 좋겠다.

Please show me the place you visited.
네가 방문했던 곳들을 나에게 안내해줘.

Useful Expressions

1. 좋아하는 것 물어보기	What is your favorite~?
	What do you like best among ~?
2. 상대방에게 함께 하기를 초청하기	I want you to do ~ with me.
	I would like you to do~ with me.
	Do you want to do ~ with?

PART 3. Composing a Formal Letter

Directions: Write a formal letter of at least 100 words based on the following situation. Make sure to include all the information provided in the situation, and to create an appropriate subject, greeting, and closing. Remember to include additional details based on the situation provided. You will have twelve (12) minutes to read the situation and to type your letter.

다음 주어진 상황에 관해서 적어도 100단어의 개인적인 편지를 쓰시오. 상황에서 제공된 모든 정보를 포함하여, 적절한 제목, 인사, 마무리를 하도록 꼭 쓰도록 하십시오. 제공된 상황에 근거한 추가적인 세부내용을 포함하는 것을 기억세요. 상황에 대해 읽고, 편지를 작성하는데 12분이 주어집니다.

 파트 소개

이 파트는 편지를 통해서, 감사나 유감 등을 표현해야 한다. 또한, 편지를 쓰는 목적이 개인적인 편지(친서)에 비해서 훨씬 더 분명하다. 실제 업무 상황과 거의 흡사한 편지를 쓰는 것이므로, 요구나, 전달사항을 제대로 표현할 능력이 특별히 중요하다. 그러므로 너무 구어체이거나 친숙한 말투는 지양해야 한다.

 파트 전략

Formal Letter의 형식
Greeting　　수신인에 대한 간단한 언급을 한다.
Purpose of letter 편지의 목적 (통보, 문의, 초대)를 명료하게 밝힌다. 　　　　　　I am writing to inform you that~ 　　　　　　The reason I'm writing this e-mail is that~ 　　　　　　I'm writing this letter to notify you that~ 　　　　　　I'm writing this e-mail to inform you of ~ 　　　　　　I'm writing you concerning ~
Conclusion　요청사항(request), 알림(inform), 공지(notice) 　　　　　　마무리 인사 　　　　　　I look forward to hearing from you. 　　　　　　I look forward to meeting you.

I look forward to your reply.

If you require more information,

Should you have any questions,

If you are wondering about ~

Thanks for your consideration.

Thank you for your understanding.

Your guidance has been invaluable.

Closing

Sincerely,

ours faithfully,

Yours truly,

Respectfully,

Best regards, 등

Dear Sir/Madam, (Greeting)

I'm not quite sure who is in charge of this kind of issue, but please hand this letter **to whom it may concern.** (수취인) **I am writing this letter to complain about the meal I had at your place last Sunday.** (편지의 목적) Since there were no free tables that day, I had to wait for an hour to sit down. I ordered steak, but it tasted awful. It was even undercooked. The company I was with also complained about the food. I think I've been treated the worst.

I would like this matter to be known to the owner of the place. **I hope you can improve the quality of your dishes and services this way.** (요청)

Thanks for your consideration. (마무리 인사)

Yours faithfully, (Closing)

John

• 해석

> 나는 누가 이런 종류의 문제를 담당하고 있는지 잘 모르지만, 이 편지를 담당자에게 전해주세요. 이 편지를 쓰는 이유는, 지난 일요일 당신 식당에서 먹었던 식사에 대해 불만사항을 제기하기 위해서 입니다. 그 날 빈 테이블이 없어서 자리에 착석하는 데만 한 시간을 기다려야 했습니다. 스테이크를 주문했으나 맛이 정말 없었고, 심지어 덜 익어 있었습니다. 함께 있던 일행도 음식에 관해서 불평했습니다. 최악의 서비스를 받은 거 같습니다.
>
> 나는 이 문제를 그 곳의 주인에게 알리고자 합니다. 이런 식으로 당신네 음식과 서비스의 질을 향상시킬 수 있기를 바랍니다.
>
> 고려해 주셔서 감사합니다.
>
> John 올림

1. 상황에 관련된 모든 정보를 포함해서 글을 쓴다. 편지의 목적은, 축하, 불만, 통보, 문의 등 공적인 편지에서 다룰 수 있는 다양한 주제가 된다.
2. 제목, 인사, 마무리를 글 쓰면서 놓치지 않아야 한다.
3. 공식적인 편지에 자주 쓰는 표현을 숙지하고 있다면, 글 쓰는 시간을 많이 단축할 수 있다.
4. 초중급 단계에서는 정해진 분량만큼 주어진 시간에 쓰는 연습을 하는 것이 가장 중요하다.

➡ Example 1

> Suppose that, the HR personnel of a company whom you applied for, told you that you got the job. She asks you to come by their office on Tuesday to discuss the contract. However, you cannot come because you're traveling to Paris on that day. You are now writing an email to the HR personnel manager, Cindy Tucker, to inform her about your situation.
>
> In your email, you must:
>
> - express your gratitude regarding the opportunity;
> - state your reason for writing the email;
> - request another date to conduct the meeting.

편지에 다음을 포함하여야 한다.

기회에 대한 감사를 표현한다.
이 이메일을 쓰는 이유에 대해서 기술한다.
만남을 시행할 다른 날짜를 요청한다.

Sample Student Answer

To	: Ms. Cindy Tucker Human Resource Personnel Manager Creative Blood Advertising Firm
From	: Richard Morris
RE	: Contract signing
Date	: (insert date)

Good day Ms. tucker. Thanks for getting me the job. It means a lot for me. I was searching for a job for a long time, I'm thanking you for this. But I can't go to office for the contract sign because I'll go to paris on tuesday. I wanna see the eiffel tower and this is chance to see that. So I wana tell you that if the contract signing is on next Monday, it's ok to you? Sorry for that and thanks for reading this.

Sincerely,

Richard Morris

답변 분석

1. Mean a lot to me는 '~가 중요하다' 라는 표현이 되므로, for을 to로 고쳐준다.
2. be thankful for는 "~에 대해서 감사하다"는 표현으로 편지 글에 유용한 숙어이다.
3. 구어적인 표현이 많은데, 이는 공식 편지에 어울리지 않는다.
   - Thanks와 같은 일상적이고 주로 구어체에서 사용하는 표현보다 thank you for로 좀 더 격식을 갖춘 듯한 표현을 쓰는 게 좋다.
   - wanna와 같은 구어체보다는 would like to 격식 있는 표현을 쓰는 게 좋다.

Revised Answer

To	: Ms. Cindy Tucker Human Resource Personnel Manager Creative Blood Advertising Firm
From	: Richard Morris
RE	: Contract signing
Date	: (insert date)

~~Good day~~ Dear Ms. Cindy Tucker,

Thanks you for ~~getting~~ giving me the job. It means a lot ~~for~~ to me. I was searching for a job for a long time, so I'm ~~thanking~~ thankful ~~you~~ for this opportunity. I am writing this letter to tell you that ~~But I~~ can't go to the office ~~for~~ to discuss ~~the~~ my contract ~~sign~~ because I'll be going to Paris on Tuesday. I ~~wanna~~ want to see the Eiffel Tower and this is my chance to see ~~that it~~. So I ~~wana tell you that~~ would like to meet and discuss ~~if the~~ my contract ~~signing is~~ on ~~next~~ Monday, ~~if it's~~ that's OK ~~to~~ with you~~?~~. I am very sorry for ~~that~~ this. ~~and~~ Thanks ~~for reading this~~ you once again

Sincerely,

Richard Morris

Dear Ms. Cindy Tucker,

Thank you for giving me the job. It means a lot to me. I was searching for a job for a long time, so I'm thankful for this opportunity. I am writing this letter to tell you that I can't go to the office to discuss my contract because I'll be going to Paris on Tuesday. I want to see the Eiffel Tower and this is my chance to see it. I would like to meet and discuss my contract on Monday if that's OK with you. I am very sorry for this. Thank you once again

Sincerely,

Richard Morris

• 해석

Ms. Cindy Tucker 에게
인사부 직원
창의 혈액 광고 회사

Cindy Tucker씨에게

저에게 그 일을 하게 해 주신 점 감사합니다. 저에겐 아주 중요한 일입니다. 오랫동안 구직하고 있었던 터라 이 기회가 주어짐에 감사합니다. 저는 화요일에 파리에 갈 것이기 때문에, 계약을 논의하러 사무실에 갈 수 없음을 말씀드리려고 당신에게 이 편지를 씁니다. 에펠탑을 보고 싶은데 이번이 그 기회랍니다. 괜찮으시다면 월요일에 만나서 계약을 논의하고 싶습니다. 이 점에 대해서 매우 죄송합니다. 다시 한번 감사드립니다.

Richard Morris 올림

주요 문장

I am writing this letter to tell you that I can't go to the office to discuss my contract.
계약을 논의하러 사무실에 갈 수 없음을 말씀드리려고 당신에게 이 편지를 씁니다.

I would like to meet and discuss my contract.
만나서 계약을 논의하고 싶습니다.

I am sorry for this.
이 점에 대해서 죄송합니다.

Useful Expressions

1. 감사를 표현하는 말	Thank you so much for~
	I am very glad that
	I really appreciate ~
2. 목적을 표현하는 말	I am emailing you to~
	I am writing to ~
3. 약속시간 변경을 요청하는 말	Can I change ~ from A to B?
	Can I reschedule the appointment?

Example 2

Suppose you are planning to surprise your parents for their 25th wedding anniversary. You are now writing an email to Candice Stuart, an event organizer, to help you with your plans for the party.

In your email, you must:

- state your purpose for writing the email;
- give specific details about the event: date, time, number of guests;
- instruct her which kinds of food you would like to be served and what party theme you would like to be used.

편지에 다음을 포함하여야 한다.

편지를 쓰는 목적을 진술한다.
사건에 관한 구체적인 세부내용(날짜, 시간, 손님의 수)을 작성한다.
어떤 음식이 나오기를 원하는지, 파티에 어떤 컨셉이 사용되길 원하는지 지시한다.

Sample Student Answer

To	: Ms. Candice Stuart Event Organizer Blissful Events
From	: Jackie Field
RE	: 25th anniversary
Date	: (insert date)

Dear Ms. Candice Stuart,

How are you? I would like to ask for your help in preparing for my parents' aniversary. I would like to throw a surprise party for them. It will be done on our garden and 300 guests are to be served. The theme of the party should be in retro style. I want you to decorate the vennue with colorful things from the year 1980s. I want the foods to be delicious and it should be healthy too. I like pastas, pizzas, chicken lollipops and fruit drinks. The party will be on October 18, 2020 at 7 o'clock pm.

Love,

Jackie Field

답변 분석

1. Garden이라는 장소에서 라는 표현으로 in이 on보다 적절하다.
2. 1980s라고 정확히 명시되어 있는데, 굳이 year라는 말을 덧붙일 필요 없다.
3. 시간을 표현할 때 o'clock과 pm 둘 다 말고, 둘 중 하나만 쓰면 된다.
4. 사무적인 일을 요청하는 공적 편지이므로 마무리 인사로 캐주얼한 Love보다는 좀 더 예의를 갖춘 Sincerely가 적절하다.
5. "help to 동사원형"은 "~하는 데 있어서의 도움"으로 문어체에 자주 쓰이는 표현이다.

Revised Answer

To	: Ms. Candice Stuart
	Event Organizer
	Blissful Events
From	: Jackie Field
RE	: 25th anniversary
Date	: (insert date)

Dear Ms. Candice Stuart,

~~How are you?~~ Would like to ask for your help ~~in preparing~~ to prepare for my parents' anniversary. I would like to throw a surprise party for them. It will be done ~~on~~ in our garden and 300 guests are to be served. The theme of the party should be ~~in~~ a retro style. I want you to decorate the ve~~n~~nue with colorful things from the ~~year~~ 1980s. I want the foods to be delicious, and it should be healthy, too. I would like pastas, pizzas, chicken lollipops and fruit drinks. The party will be on October 18, 2020, at 7 ~~o'clock pm~~ p.m.

~~Love~~ Sincerely,

Jackie Field

Dear Ms. Candice Stuart,

I would like to ask for your help to prepare for my parents' anniversary. I would like to throw a surprise party for them. It will be done in our garden and 300 guests are to be served. The theme of the party should be a retro style. I want you to decorate the venue with colorful things from the 1980s. I want the foods to be delicious, and it should be healthy, too. I would like pastas, pizzas, chicken lollipops and fruit drinks. The party will be on October 18, 2020, at 7 p.m.

Sincerely,

Jackie Field

• 해석

Candice Stuart씨에게

안녕하세요? 부모님 기념일을 준비하는데 도움을 요청하고 싶습니다. 부모님을 위해서 서프라이즈 파티를 하고 싶습니다. 우리 정원에서 300 명 정도의 손님들이 오실 겁니다. 파티 주제는 복고 스타일입니다. 장소는 1980년대의 화려한 물건들로 장식하고 싶습니다. 음식은 맛있고, 건강식이었으면 좋겠습니다. 파스타, 피자, 치킨 롤리팝스 그리고 과실 음료로 하고 싶습니다. 파티는 2020년 10월 18일 오후 7시에 열릴 것입니다.

Jackie Field 올림

주요 문장

I would like to ask for your help.
당신 도움을 요청하고 싶습니다.

I want you to decorate the venue with colorful things.
당신이 그 장소를 화려한 색 물건들로 장식해 주셨으면 합니다.

PART 4. Constructing a Paragraph

Directions: Write a detailed article of at least 120 words based on the picture below. Create an appropriate title for your article. Make sure to include what could possibly happen based on the information depicted by the picture. You will have fourteen (14) minutes to study the picture and to type your article.

아래의 사진에 근거해 적어도 120단어 이상의 상세한 글을 작성하세요. 글에 적절한 제목을 만드십시오. 그림에 설명된 정보를 기반으로 발생할 수 있는 상황을 반드시 포함시켜야 합니다. 그림을 검토하고, 글을 타이핑하는 데 14분이 주어집니다.

파트 소개

이 파트에서는 주어진 도표에 관한 정보를 영어로 설명해야 한다. 설명에 앞서, 먼저 도표가 보여주는 바를 정확하게 해석해야 한다. 이 후, 객관적이고 간결한 문장으로, 가장 핵심적인 정보부터 세부적인 정보까지 간결한 영어로 설명하도록 한다. 또한, 앞으로 있을 패턴까지 예상해서 써야 하는 부분을 포함하므로 초중급자에게는 상당히 난이도 있는 문제가 될 수 있다.

파트 전략

1. 먼저 그래프의 제목을 잘 읽어본다.
2. 제목과 연계하여 표가 핵심적으로 보여주는 것이 무엇인지 파악한다.
3. 표가 보여주는 세부내용도 파악한다.
4. 핵심 내용을 시작으로 앞으로 예측되는 패턴까지 예상해서 정리해야 한다.
5. 영어로 요약 시, 최대한 간결하고 분명하게 쓰도록 한다.
6. 제목은 글을 쓰기 시작하기 전해 정해도 좋지만, 글을 완성한 후 붙여도 좋다.
7. 파악한 내용을 길지 않고 자신 있게 쓸 수 있는 표현으로 표현한다.
8. 구어적인 표현은 최대한 자제해서 쓴다.
9. 수험자의 주관적인 의견은 자제하고, 객관적으로 파악한 내용만 표현한다.

Example 1

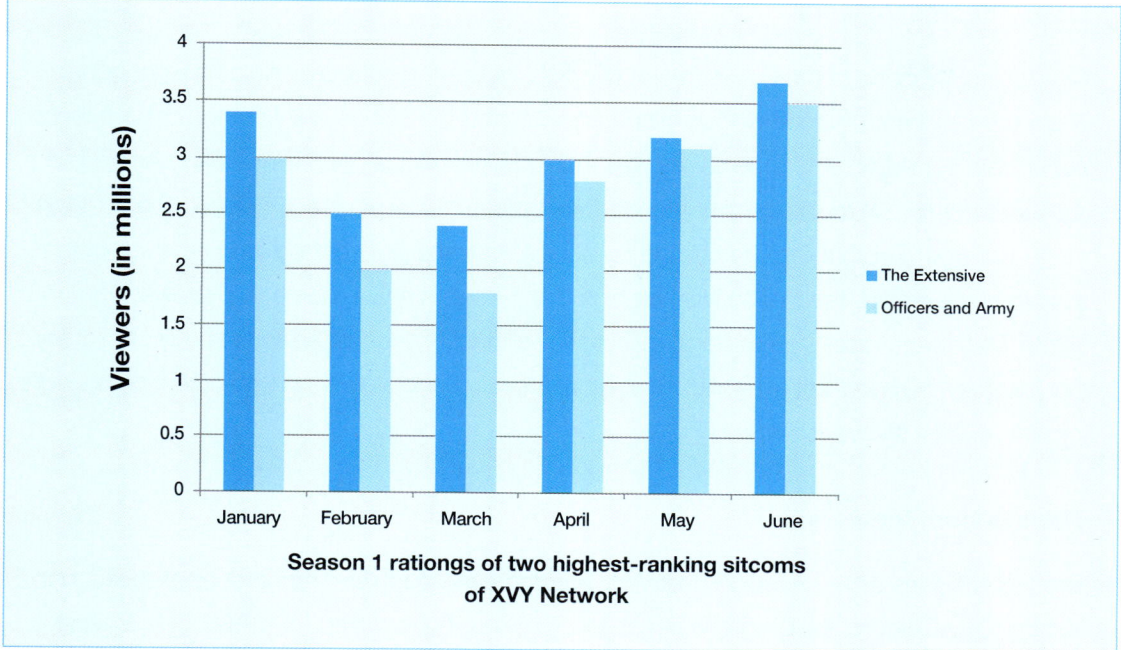

Sample Student Answer

Title: **sitcom viewers**

The 1st season of the 2 sit-coms of XVY Network is a favorite. There numbers of those who watch the shows are not just 1 million but at least 1.5 million. The Extensive is more favorite than Officers and Army, from January to June. On the 1st month, the viewers are in 3 million mark, but from February to march, the viewers go down. However, before season 1 ends the two shows had high viewers again. Come final show, it go up, higher than the first episode. I can say that every middle of the sitcom, the viewers will go down, but for 1st and last show, it will be high.

답변 분석

1. XVY 네트워크의 높은 순위의 시트콤 두 개의 각 시청자 수를 비교하고 있다.
2. 가로축은 월별 두 시트콤의 수치 변화를 보여준다.
3. 세로축은 The Extensive와 Officers and Army가 각각 얼마나 많은 시청자 수치를 달성했는지 보여주고 있다.
4. 전반적으로 The Extensive가 Officers and Army보다 높은 시청자 수를 보여주고 있다.
5. 3월부터는 두 시트콤 모두 시청자 수가 상승하는 구조이며, 두 시트콤 모두 공통적으로 6월에 가장 많은 시청자를 기록하였다.
6. 기본시제와 수일치를 잘 시켰는지 꼭 확인한다.

Revised Answer

Title: **S**itcom**s V**iewers

The ~~1st~~ first season~~s~~ of the ~~2 sit-coms of~~ two XVY Network ~~is a favorite~~ sitcoms were popular. ~~There~~ the numbers of those who continuously watched the shows ~~are~~ was not just 1 million, but at least 1.5 million. The Extensive ~~is~~ was more ~~favorite~~ popular than Officers and Army~~,~~ from January to June. ~~On~~ In the ~~1st~~ first month, the number of viewers ~~are in~~ reached the 3 million mark, but from February to March, the number of viewers ~~go~~ went down. However, before season ~~1~~ one ended, the two shows had ~~high~~ many viewers again. ~~Come final shows, it go up, higher~~ There were more viewers for the final shows than for the first ~~episode~~ shows. I can say that ~~for every~~ the middle of every sitcom season, the number of viewers will go down, but for ~~1st~~ the first and last shows, it will be high.

Title: **Sitcom Viewers**

The first seasons of the two XVY Network sitcoms were popular. The number of those who continuously watched the shows was not just 1 million, but at least 1.5 million. The Extensive was more popular than Officers and Army from January to June. In the first month, the number of viewers reached the 3 million mark, but from February to March, the number of viewers went down. However, before season one ended, the two shows had many viewers again. There were more viewers for the final shows than for the first shows. I can say that for the middle of every sitcom season, the number of viewers will go down, but for the first and last shows, it will be high.

● 해석

제목: 시트콤 시청자들

XVY네트워크의 두개의 시트콤 중 첫번째가 인기가 있었다. 쇼를 지속적으로 보았던 수치는 단지 100만이 아니라, 적어도 150만이었다. 1월부터 6월까지 The Extensive는 Officers and Army보다 더 인기가 있었다. 첫번째 달에 시청자들의 수치는 3백만에 이르렀지만, 2월에서 3월에 시청자들의 수치는 내려갔다. 그러나, 시즌1 이 끝나지 전에 두 개의 쇼는 다시 많은 시청자들을 보유하였다. 첫번째 쇼보다는 최종화에서 더 많은 시청자가 있었다. 모든 시트콤의 중간에 시청자들의 수치는 낮아지나, 첫번째와 마지막 쇼에는 시청자들의 수치가 높아진다.

 **주요 문장**

The Extensive was more popular than Officers and Army from January to June.
1월부터 6월까지 The Extensive는 Officers and Army보다 더 인기가 있었다.

In the first month, the number of viewers reached the 3 million mark,
첫번째 달에 시청자 수는 3백만에 이르렀다.

From February to March, the number of viewers went down.
2월에서 3월에 시청자들의 수치는 내려갔다.

Example 2

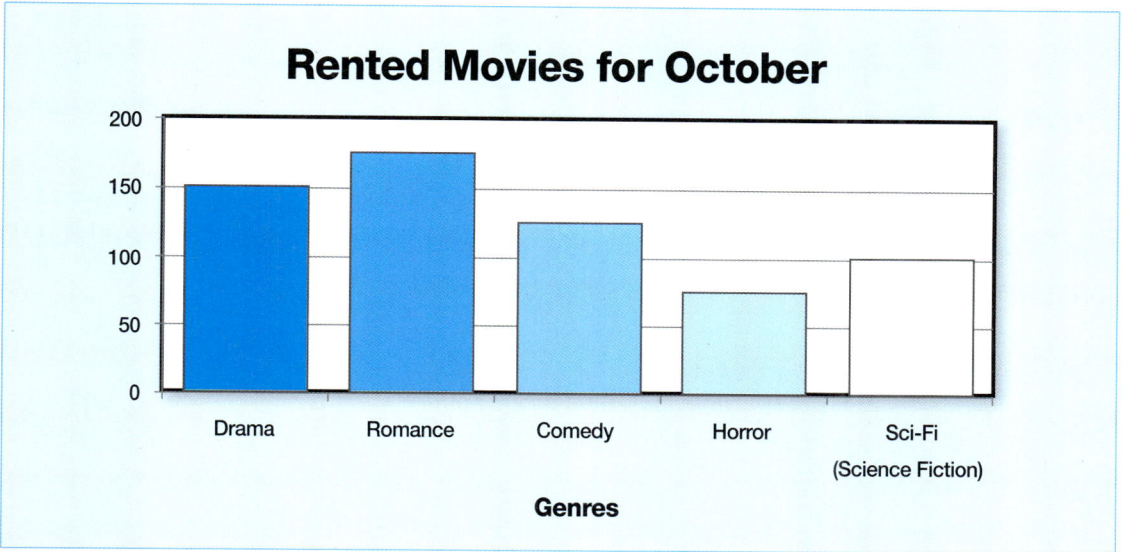

Sample Student Answer

Title: Rented movies for Oct

The graph shows how many movies are being rented according to genres. The most rented genre is the Romance. Next is Drama. The third is Commedy, then Sci-Fi. And last is the Horror movies. The Romance has 175 copies rented, the Drama has 150 copies, the Comedy has 125 copies, the Sci-Fi has 100 copies and the horror has 75 copies. Maybe the Horror genre is the last because people can get uncomfortable during scary movies. Maybe the Romance is the most rented genre because many people want more love in their lives and enjoy happy endings. I think these trends will continue except if a great film from other genre will be shown.

 **답변 분석**

1. 제목에 단어의 시작은 대문자로 한다.
2. 접속사가 필요한 곳에 전치사를 쓰지 않았는지 확인한다.
3. 자주 쓰는 쉬운 단어에 스펠링이 틀리게 적히지 않았는지 확인한다.

Revised Answer

Title: **Rented Movies for October**

The graph shows how many movies are being rented according to genres. The most rented genre is ~~the~~ romance. The next is drama. The third is commedy, then sci-fi., and ~~last is the horror movie~~ the least popular is horror. ~~The Romance has 175 copies rented.~~ There were about 175 romantic movies rented, ~~the Drama has 150 copies~~ followed by 150 dramas, ~~the Comedy has 125 copies~~ 125 comedies, ~~the Sci-Fi has 100 copies and the horror has 75 copies~~ 100 sci-fi movies, and 75 horror films. Maybe the horror genre is the ~~last~~ least popular because people can get uncomfortable during scary movies. Maybe ~~the~~ romance is the most rented genre because many people want more love in their lives and enjoy happy endings. I think more people would watch sci-fi if the scientific ideas were easier to understand. Overall, I think these trends will continue ~~except if~~ unless a great film from another genre ~~will be shown~~ is released.

Title: **Rented Movies for October**

The graph shows how many movies are being rented according to genre. The most rented genre is romance. The next is drama. The third is comedy, then sci-fi, and the least popular is horror. There were about 175 romantic movies rented, followed by 150 dramas, 125 comedies, 100 sci-fi movies, and 75 horror films. Maybe the horror genre is the least popular because people can get uncomfortable during scary movies. Maybe romance is the most rented genre because many people want more love in their lives and enjoy happy endings. I think more people would watch sci-fi if the scientific ideas were easier to understand. Overall, I think these trends will continue unless a great film from another genre is released.

• 해석

제목: 10월에 대여된 영화

그래프는 장르에 따라서 얼마나 많은 영화가 대여 되고 있는지 보여주고 있다. 가장 많이 대여된 영화는 로맨스이다. 다음은 드라마이다. 세번째는, 코미디이며, 다음은 과학공상, 그리고 마지막은 공포영화이다. 로맨스 장르는 약 175 부 대여가 되었고, 드라마는 150 부, 코미디는 약 125부, 공상과학은 100 부, 공포는 약 75부가 된다. 공포영화를 보는 동안 사람들이 불편해질 수 있기 때문에, 공포영화가 가장 인기 없는 것 같다. 많은 사람들이 그들의 삶에서 더 많은 사랑을 원하고 행복한 결말을 즐기기 때문에, 로맨스가 가장 많이 대여된 장르일지도 모른다. 과학적인 아이디어가 이해하기 쉽다면 더 많은 사람들이 Sci-Fi를 볼 것이라고 생각한다. 전반적으로, 다른 장르의 훌륭한 영화가 개봉되지 않는 한 이러한 경향은 계속될 것이라고 나는 생각한다.

주요 문장

The graph shows how many movies are being rented according to genre.
그래프는 장르에 따라서 얼마나 많은 영화가 대여 되고 있는지 보여주고 있다.

Maybe the horror genre is the least popular because people can get uncomfortable during scary movies.
공포영화를 보는 동안 사람들이 불편해질 수 있기 때문에, 공포영화가 가장 인기 없는 것 같다.

Maybe romance is the most rented genre because many people want more love in their lives and enjoy happy endings.
많은 사람들이 그들의 삶에서 더 많은 사랑을 원하고 행복한 결말을 즐기기 때문에, 로맨스가 가장 많이 대여된 장르일지도 모른다.

I think the trend will be the same unless a great film from another genre is shown.
다른 장르의 훌륭한 영화가 상영되지 않는다면, 이 경향은 같을 것이라고 나는 생각한다.

Useful Expressions

1. According to the graph,	~그래프에 따르면
2. The graph shows~	그래프는 ~를 보여준다.
3. The graph indicates ~	그래프는 ~을 보여준다.
4 There is a clear difference about ~	~에 관해서는 확실한 차이점이 있다.
5. There is a similarity between~	~사이에는 공통점이 있다.

PART 5. Writing an Essay

Directions: Study the passage below, and then write an essay of at least 140 words, stating your opinion on the topic of the passage. Explain your opinion in as much detail as possible. You will have sixteen (16) minutes to write your essay.

아래의 단락을 읽고, 단락의 주제에 대한 당신의 의견을 적어도 140단어 이상의 에세이로 작성하십시오. 당신의 의견을 가능한 자세히 설명하도록 합니다. 에세이를 쓸 수 있는 시간은 16분이 주어집니다.

파트 소개

이 파트는 본인의 의견이나 주장을 쓰는 글이다. 본인의 주장만 계속 나열하지 말고, 어떤 이유로 그러한 의견이나 주장을 펼치게 되었는지 구체적으로 설명하여야 한다. 간혹, 본인이 주장하는 바만 있고, 왜 그렇게 생각하는지 이유가 없는 글들이 있는데, 당연히 좋은 점수를 받지 못할 것이다. 대부분의 경우 적합한 예제를 추가한다면, 더 논리적인 글이 될 것이다. 이 과정에서, 초중급자는 주제에서 벗어나 동문서답 하는 글을 쓰지 않도록 유의해야 한다.

파트 전략

1. 질문을 여러 번 읽어 주제를 제대로 이해하도록 한다.
2. 본인의 주장이나 의견을 한 방향으로 정한다. 간혹, 양쪽이 다 맞다는 식으로 글을 쓰는 경우 논점이 흐려질 수 있다.
3. 내 주장에 대한 적절한 이유와 예제를 구상한다.
4. 초중급자의 경우 좋은 글을 써보겠다는 욕심에 브레인스토밍에 시간을 많이 할애하게 되면, 제일 중요한 글의 분량이 적어질 수 있으니 유의한다.

 **Example 1**

Plenty of people from this generation are experiencing socio-economic problems like a lack of opportunities and low salaries. What do you think these people should work on to achieve their goals before reaching their 40s?

이 세대의 많은 사람들이 기회의 부족 그리고 적은 월급과 같은 사회 경제적 문제를 겪고 있다. 40대에 이르기 전에, 이 사람들이 그들의 목표를 성취하기 위해서 해야 할 일은 무엇이라고 생각하는가?

Sample Student Answer

People should know their goals. What is important to them? What do they really care? They should have a clear picture of what they want to do. These things might be very difficult, but they are not imposible. Jobs are hard to find these days. Social networking can help. Also, try to get out and meet new people. Go gatherings about things that interest you. You never know when someone might be able to help. If you already have a job but the salary is low, you can still have a good life. However, you have to adjust your budget. Make sure the things you buy are really necesary. If we want more oportunities and a better life, we have to work hard. Learn new things.

답변 분석

1. 글의 분량을 좀 더 늘리도록 노력해야 한다. 지시사항에 권고된 단어수가 140 단어인데, 모자라는 분량이다.
2. 자주 쓰는 단어들의 철자 오류에 유의한다.
3. 자주 쓰는 동사 + 전치사 숙어 역시 꼼꼼히 외워서 틀리지 않도록 한다.

Revised Answer

People should know their goals. What is important to them? What do they really care about? They should have a clear picture of what they want to do. These things might be very difficult, but they are not impossible. Jobs are hard to find these days. Social networking can help. Also, try to get out and meet new people. Go to gatherings about things that interest you. You never know when someone might be able to help. If you already have a job but the salary is low, you can still have a good life. However, you have to adjust your budget. Make sure the things you buy are really necessary. Ask yourself: Can I live without this? Will this make me happy? If we want more opportunities and a better life, we have to work hard. Learn new things and never stop learning. Always remember that beautiful things take time.

People should know their goals. What is important to them? What do they really care about? They should have a clear picture of what they want to do. These things might be very difficult, but they are not impossible. Jobs are hard to find these days. Social networking can help. Also, try to get out and meet new people. Go to gatherings about things that interest you. You never know when someone might be able to help. If you already have a job but the salary is low, you can still have a good life. However, you have to adjust your budget. Make sure the things you buy are really necessary. Ask yourself: Can I live without this? Will this make me happy? If we want more opportunities and a better life, we have to work hard. Learn new things and never stop learning. Always remember that beautiful things take time.

해석

사람들은 그들의 목표를 알아야 한다. 그들에게 중요한 것은 무엇인가? 그들이 정말로 신경 쓰는 것은 무엇인가? 그들은 자신이 하고 싶은 일을 분명하게 그려야 한다. 이러한 것들은 매우 어려울 수도 있지만 불가능한 것은 아니다. 요즘은 일자리를 찾기 힘들다. 소셜 네트워킹이 도움이 될 수 있다. 또한, 밖으로 나가 새로운 사람들을 만나도록 노력하라. 관심 있는 일에 대한 모임에 가라. 누가 언제 도움을 줄 수 있을지 모른다. 이미 직장이 있지만 봉급이 적더라도, 여전히 좋은 삶을 살 수 있다. 하지만, 예산은 조정해야 한다. 네가 사는 것들이 꼭 필요한 것인지 확인하라. 스스로에게 물어봐라: 나는 이것 없이 살 수 있을까? 이것이 나를 행복하게 하줄까? 더 많은 기회와 더 나은 삶을 원한다면, 우리는 열심히 일해야 한다. 새로운 것을 배우고, 배우는 것을 멈추지 말아라. 아름다운 것은 시간이 걸린다는 것을 항상 기억하라.

 **주요 문장**

Go to gatherings about things that interest you.
관심 있는 일에 대한 모임에 가라.

However, you have to adjust your budget.
하지만, 예산은 조정해야 한다.

If we want more opportunities and a better life, we have to work hard.
더 많은 기회와 더 나은 삶을 원한다면, 우리는 열심히 일해야 한다.

Learn new things and never stop learning.
새로운 것을 배우고, 배우는 것을 멈추지 말아라.

 **Example 2**

> The rise of social media not only affects adults but children as well. Do you think kids should be prohibited from having social media accounts? Why or why not?
>
> 소셜미디어의 성장은 어른들뿐만 아니라, 아이들에게도 영향을 준다. 아이들이 소셜미디어 계정을 가지는 것을 금지 당해야 된다고 생각하는가? 왜 그런 가요? 혹은 왜 그렇지 않은 가요?

Sample Student Answer 1

Yes, I think kids should be prohibited from using the social media because it is dengerous. They may meet strangers or bad people with it. The social media also contain things that are not good for the kids to see. The social media can be addicting too. They may use it anytime and forget to do the things that they should do like studying, eating or sleeping. Some people stay very late at night just to use social media and kids may follow them. The kids can also have poor eyesight or blurred vision if they keep on using social media through the lights of the computers or the cellphones. Social media is also a place for haters or those people who spread hate and start fights. So, it is better to keep the kids away from any social media acounts.

Sample Student Answer 2

No, because I think that social media only becomes bad for a person if it is used too much. Regarding the use of social media for kids, I think it is acceptble as long as it is used in moderation. Social media will help kids in gaining friends and forming new relationships. In other words, it can help them to socialize effectively to other people. It can also be a way for them to say what's on their minds or react to the things that other people are posting. This helps them develop their ability to think about meaningful issues. It can also help them to discover new areas of interest. I agree that children have difficulty judging what is right and controlling themselves. The use of social media for kids, however, will be safe as long as parents monitor how their children are using it.

답변 분석

1. 일반적인 것을 이야기할 때는 정관사 the를 쓰지 않는다.
2. 전치사 의미 따라 전치사를 올바르게 사용하고 있는지 확인한다.
3. any / all 같은 부정형용사는 내가 쓰임을 맞게 쓰고 있는지 문법 사항을 확인해본다. 조건의 의미가 없는 경우 모든 것을 지칭할 때는 주로 all을 쓴다.

Revised Answer 1

Yes, I think kids should be prohibited from using ~~the~~ social media because it is dangerous. They may meet strangers or bad people with it. ~~The~~ Social media also contains things that are not good for the kids to see. ~~The~~ Social media can be ~~addicting~~ addictive, too. ~~They~~ Kids may use it ~~anytime~~ all the time and forget to do the things that they should be doing like studying, eating or sleeping. Some people stay up very late at night just to use social media and kids may follow them. ~~The~~ Kids can also ~~have~~ get poor eyesight or blurred vision if they keep on using social media ~~through~~ because of the light ~~of the~~ from computers ~~or the cellphones~~ and cell phones. Social media is also a place for haters ~~or those~~ and people who spread hate and start fights. So, it is better to keep ~~the~~ kids away from ~~any~~ all social media accounts.

Yes, I think kids should be prohibited from using social media because it is dangerous. They may meet strangers or bad people with it. Social media also contains things that are not good for the kids to see. Social media can be addictive, too. Kids may use it all the time and forget to do the things that they should be doing like studying, eating or sleeping. Some people stay up very late at night just to use social media and kids may follow them. Kids can also get poor eyesight or blurred vision if they keep on using social media because of the light from computers and cell phones. Social media is also a place for haters and people who spread hate and start fights. So, it is better to keep kids away from all social media accounts.

● 해석

그렇다. 나는 소셜미디어가 위험하기 때문에 아이들이 그것을 이용하는 것은 금지되어야 한다고 생각한다. 그들은 그 것을 통해 낯선 사람 또는 나쁜 사람들을 만날지도 모른다. 소셜미디어는 또, 아이들이 보면 좋지 않은 것들을 포함한다. 소셜미디어는 중독적이기도 하다. 아이들은 그 것을 항상 사용할지 모르고, 공부, 먹기 또는 잠자기와 같은 그들이 해야 되는 일을 하는 것을 잊을 수도 있다. 어떤 사람들은 소셜미디어를 사용하기 위해서 밤에 아주 늦게까지 깨어 있는데, 아이들은 그들을 따라 할 수도 있다. 소셜미디어를 계속 사용한다면, 아이들은 컴퓨터와 휴대폰에서 나오는 빛 때문에, 안 좋은 시력이나, 흐린 시력을 가질 수도 있다. 소셜 미디어는 또한 증오자들, 그리고 증오를 퍼뜨려 싸움을 시작하는 사람들의 장소이다. 따라서, 모든 소셜 미디어 계정에서 아이들을 멀리하는 것이 좋다.

Revised Answer 2

No, because I think that social media only becomes bad for a person if it is used too much. Regarding the use of social media ~~for~~ by kids, I think it is acceptable as long as it is used in moderation. Social media will help kids in gaining friends and forming new relationships. In other words, it can help them to socialize effectively ~~to~~ with other people. It can also be a way for them to say what's on their minds or react to the things that other people are posting. This helps them develop their ability to think about meaningful issues. It can also help them to discover new areas of interest. I agree that children have difficulty judging what is right and controlling themselves. The use of social media ~~for~~ by kids, however, will be safe as long as parents monitor how their children are using it.

No, because I think that social media only becomes bad for a person if it is used too much. Regarding the use of social media by kids, I think it is acceptable as long as it is used in moderation. Social media will help kids in gaining friends and forming new relationships. In other words, it can help them to socialize effectively with other people. It can also be a way for them to say what's on their minds or react to the things that other people are posting. This helps them develop their ability to think about meaningful issues. It can also help them to discover new areas of interest. I agree that children have difficulty judging what is right and controlling themselves. The use of social media by kids, however, will be safe as long as parents monitor how their children are using it.

● 해석

아니다. 왜냐하면 소셜미디어가 지나치게 사용 될 때만, 사람들에게 나쁘게 된다고 생각하기 때문이다. 아이들에 의한 소셜 미디어의 이용에 관해서는, 나는 그것이 적당히 사용되는 한 용인될 수 있다고 생각한다. 소셜 미디어는 친구들을 사귀고 새로운 관계를 형성하는 데에 아이들에게 도움을 줄 것이다. 다시 말해서, 그것은 그들이 다른 사람들과 효과적으로 교제하는 데 도움을 줄 수 있다. 그것은 또한 그들이 마음속에 있는 것을 말하거나, 다른 사람들이 게시하는 것에 반응하는 방법이 될 수 있다. 이것은 그들이 의미 있는 문제에 대해 생각하는 능력을 기르는 데 도움을 준다. 그것은 또한 그들이 새로운 관심 영역을 발견하는 데 도움을 줄 수 있다. 나는 아이들이 무엇이 옳은 지 판단하고 자신을 통제하는 데 어려움을 겪는다는 것에 동의한다. 그러나 부모가 자녀들이 소셜 미디어를 어떻게 사용하는지 감시하는 한, 어린이들의 소셜 미디어 사용은 안전할 것이다.

주요 문장

I think kids should be prohibited from using social media because it is dangerous.
나는 소셜미디어가 위험하기 때문에 아이들이 그것을 이용하는 것은 금지되어야 한다고 생각한다.

It is better to keep kids away from all social media accounts.
모든 소셜 미디어 계정에서 아이들을 멀리하는 것이 좋다.

I think it is acceptable as long as it is used in moderation.
나는 그것이 적당히 사용되는 한 용인될 수 있다고 생각한다.

It can help them to socialize effectively with other people
그것은 그들이 다른 사람들과 효과적으로 교제하는 데 도움을 줄 수 있다.

MEMO

영어 작문능력 평가 시험

G-TELP Writing Test
공식수험서

Chapter 4
Intermediate

General Tests of English Language Proficiency

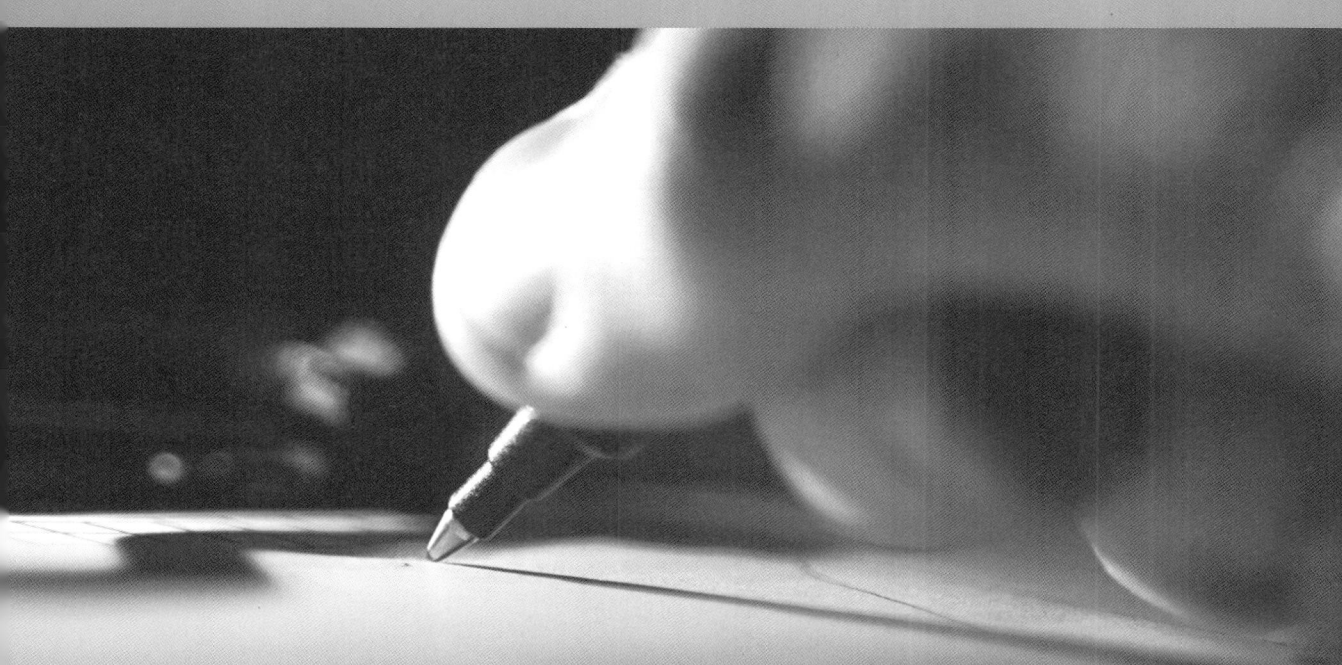

Chapter 4. Intermediate

General Tests of English Language Proficiency

PART 1. Constructing a Paragraph

Directions: Compose a paragraph of at least 80 words, using at least six (6) of the following keywords, and create an appropriate title for the paragraph. You should use only one keyword for each sentence, and the sentences should support the title that you create. You will have six (6) minutes to complete this part.

다음 핵심단어 중 적어도 여섯 개를 사용하여 최소 80개 이상의 단어로 된 단락을 구성하고, 단락에 맞는 적절한 제목을 작성하십시오. 문장 마다 키워드는 하나만 사용해야 하고, 문장은 자신이 만든 제목을 뒷받침해야 합니다. 이 파트를 완성하는 데 6분이 주어질 것입니다.

🏷️ 파트 소개

이 파트에서는 주어진 단어를 이용하여, 간단한 이야기를 만들어 내야 한다. 실생활에서 접할 수 있는 실용적인 단어가 주어지므로 간단한 이야기 만드는 것은 어렵지 않으나, 중상 이상의 고득점을 받으려면 차별성이 있어야한다. 이야기 내용의 흐름이 자연스러우며, 창의적이고 재미있는 내용을 기술하는 것이 좋다. 또한 3등급 이상에서는 조리 있는 글 구성 능력이 요구되므로 일반 영작 수준의 글 이상을 써야 한다.

🏷️ 파트 전략

1. 6분동안 내용구상 및 쓰기를 모두 마쳐야 하므로 가능한한 빨리 작문을 시작해야 하겠지만, 중상이상의 점수를 획득하려면 이야기 자체의 논리성도 생각해가면서 써야 한다.

2. 최소 단어수가 80단어이나 고득점을 목표로 한다면, 단어 수를 최대한 많이 쓰는 것이 좋다. 즉, 최대한 길게 쓰도록 한다.

3. 주어진 단어 여덟 개 중 최소 여섯 개를 사용하면 되긴 하나, 전부 다 사용해도 관계없으므로 주어진 단어를 글에 골고루 분포 시키도록 한다. 전반부나 후반부에 단어를 몰아 사용하지 않도록 주의해야 한다.

Example 1

mall	clothes
car	restaurant
shoes	sunny
dishes	house

Sample Student Answer

Title: **Weekend bonding**

It was saturday when my best friend and I decided to go somewhere since it was a sunny day. After talking about it, we decided to go to the mall to shop for some stuff. My best friend bought three pairs of shoes. As for me, I bought clothes because I need it for I gained some pounds. We were really tired shopping so we decided to eat in a restaurant. Good thing, the place has several of dishes to choose from.

답변 분석

1. 글의 제목이 두 단어 이상이라면, 단어의 시작은 대문자로 하도록 한다.
2. 글 전체에 시제를 일정하게 유지하도록 한다. 과거에 일어난 일을 이야기하는 것인데, 어떤 부분에는 현재 시제가 쓰여 있다. 이런 실수가 없도록 하려면 마지막에 1분 정도는 기본 문법사항 검토를 하는 것이 좋다.
3. 중상 이상의 점수를 획득하려면 전체흐름이 매우 중요하므로 여러 영어문장의 나열이 아니라, 전체적으로 연결이 잘되는지 꼭 확인해야 한다.

Revised Answer

Title: **W**eekend **B**onding

It was ~~S~~aturday when my best friend and I decided to go somewhere since it was a sunny day. After talking about it, we decided to go to the mall to shop for some stuff. My best friend bought three pairs of shoes. As for me, I bought clothes because I needed ~~it for~~ them; I had gained ~~some~~ a few pounds. We were really tired from shopping so we deciced to eat in a restaurant. It was a good thing that the place ~~has~~ had several ~~of~~ dishes to choose from.

Title: **Weekend Bonding**

It was Saturday when my best friend and I decided to go somewhere since it was a sunny day. After talking about it, we decided to go to the mall to shop for some stuff. My best friend bought three pairs of shoes. As for me, I bought clothes because I needed them; I had gained a few pounds. We were really tired from shopping so we decided to eat in a restaurant. It was a good thing that the place had several dishes to choose from.

● 해석

제목: 주말 유대

날이 너무 화창해서 내 친한 친구와 내가 어딘가 가기로 결정한 때는 바로 토요일이었다. 그것에 관해 이야기를 한 후, 우리는 몇 가지 물품을 쇼핑하려고 쇼핑몰에 가기로 했다. 내 친한 친구는 신발 세 켤레를 샀다. 나는 옷이 필요해서 샀는데, 살이 좀 쪘기 때문이다. 우리는 쇼핑으로 너무나 피곤해서, 식당에서 먹기로 결정했다. 그곳에는 선택할 수 있는 여러 가지 요리가 있어서 다행이었다.

📄 주요 문장

It was Saturday when my best friend and I decided to go somewhere since it was a sunny day.
날씨가 화창해서 제일 친한 친구와 내가 어딘가 가기로 했던 날은 바로 토요일이었다.

I bought clothes because I needed them; I had gained a few pounds.
나는 옷이 필요해서 샀는데, 살이 좀 쪘기 때문이다.

We were really tired from shopping so we decided to eat in a restaurant.
우리는 쇼핑으로 너무나 피곤해서, 식당에서 먹기로 결정했다.

Example 2

books	students
librarian	read
noise	exam
chair	homework

Sample Student Answer

Title: group study

My friends and I went to the library yesterday to review for an upcoming exam. Some students were also studying there, but it wasn't crowded. We brought our books and notes with us. While I am doing my homework in Science, someone who entered the library and suddenly pulled out the chair so hard. It created a loud noise. It startled everyone and made the librarian mad. We finished studying together around 10 p.m. and then went home.

답변 분석

1. 제목의 단어 시작을 소문자로 한 오류가 있다.
2. 불필요한 관계대명사를 사용하였다.
3. 과거동사로 시제 일치가 필요하다.

Revised Answer

Title: Group Study

My friends and I went to the library yesterday to ~~review~~ study for an upcoming exam. Some other students were also studying there, but it wasn't crowded. We brought our books and notes with us. While I ~~am doing~~ was going over my old science homework ~~in Science~~, someone ~~who~~ entered the library and suddenly pulled out ~~the~~ a chair ~~so~~ really hard. It created a loud noise. It startled everyone and made the librarian mad. We finished studying together around 10 p.m. and then went home.

Title: **Group Study**

My friends and I went to the library yesterday to study for an upcoming exam. Some other students were also studying there, but it wasn't crowded. We brought our books and notes with us. While I was going over my old science homework, someone entered the library and suddenly pulled out a chair really hard. It created a loud noise. It startled everyone and made the librarian mad. We finished studying together around 10 p.m. and then went home.

• 해석

제목: 그룹 스터디

내 친구들과 나는 다가올 시험에 대비해 공부하기 위해서 어제 도서관에 갔다. 다른 학생들도 마찬가지로 공부하고 있었지만, 복잡하지는 않았다. 우리는 책과 노트를 가지고 왔다. 내가 지난 과학숙제를 검토하고 있는 동안, 누군가 도서관에 들어오더니 갑자기 의자를 아주 세게 끌어당겼다. 정말 시끄러웠다. 모든 사람들을 놀래 켰고, 사서도 화나게 했다. 우리는 10시경 함께 공부를 끝냈고, 집으로 돌아왔다.

주요 문장

My friends and I went to the library yesterday to study for an upcoming exam.
내 친구들과 나는 다가올 시험에 대비해 공부하기 위해서 어제 도서관에 갔다.

While I was going over my old science homework, someone entered the library and suddenly pulled out a chair really hard.
내가 지난 과학숙제를 검토하고 있는 동안, 누군가 도서관에 들어오더니 갑자기 의자를 아주 세게 끌어당겼다.

Exercise 1

Sunday	church
mall	coffee
people	cloudy
gathering	work

Your Answer

Sample Answer

On Sunday, our family all went to church. On other Sundays, a lot of people come to this church to join the service, but today I couldn't see as many people as on other Sundays because it was a rainy and cloudy day. I'm sure some just gave up travelling to church since the traffic gets crazy on a rainy day. My family and I usually go to have some coffee after the church service. The coffee shop is located in a huge mall, and it's crowded all the time. However, today it was not crowded at all. I thought it might also be due to the weather. Tomorrow, I have to go work again. Finally, the new week starts again.

• 해석

일요일에 우리 가족은 모두 교회로 갔다. 다른 일요일에는, 많은 사람들이 예배에 참여하기 위해 오지만, 오늘은 비가 오고 흐린 일요일이어서, 다른 일요일만큼 많은 사람들을 볼 수 없었다. 비가 오는 일요일에는 교통이 너무 막히기 때문에, 어떤 사람들은 교회로 오는 것 자체를 포기했다고 확신했다. 우리 가족과 나는 예배후에 주로 커피를 마시러 간다. 커피가게는 큰 몰에 위치해 있는데, 항상 복잡하다. 그러나, 오늘은 전혀 복잡하지 않았다. 이 또한 날씨 때문이 아닐까 생각했다. 내일 나는 다시 일을 하러 가야 한다. 드디어, 새로운 한 주가 다시 시작되는 것이다.

Exercise 2

computer	broken
homework	school
project	out
beautiful	shop

Your Answer

Sample Answer

My father bought me a computer a couple of years ago. It started to malfunction from time to time, and it finally broke down totally. My homework was due the next day, and I started to get worried. I suddenly remembered a classmate from my school. She always talked about her beautiful computer that her father had gotten her for her birthday. She told me that her father had bought it from a very famous shop in Japan. I made a call to her to check if I could use her computer, and she said it was perfectly alright since she had completed her project. I was lucky enough to get everything done before class.

해석

2년 전에 아버지가 나에게 컴퓨터를 사 주셨다. 가끔 오작동을 일으키기 시작했고, 마침내 완전히 고장이 났다. 숙제가 다음날로 예정되어 있어서 걱정이 되기 시작했다. 나는 갑자기 학교에 반 친구가 생각났다. 그녀는 항상 그녀의 아버지가 생일날 그녀를 위해 사준 아름다운 컴퓨터에 대해 이야기 했다. 나는 그녀에게 전화를 걸어 그녀의 컴퓨터를 사용할 수 있는지 확인했고, 그녀는 프로젝트를 끝냈기 때문에 그것은 완벽하게 괜찮다고 말했다. 나는 운 좋게도 수업 전에 모든 것을 끝낼 수 있었다.

PART 2. Composing a Personal Letter

Directions: Write a personal letter of at least 100 words based on the following situation. Make sure to include all the information provided in the situation, and to create an appropriate subject, greeting, and closing. Remember to include additional details based on the situation provided. You will have twelve (12) minutes to read the situation and to type your letter.

다음 주어진 상황에 관해서 적어도 100 단어의 개인적인 편지를 쓰시오. 상황에서 제공된 모든 정보를 포함하여, 적절한 제목, 인사, 마무리를 하도록 꼭 쓰도록 하십시오. 제공된 상황에 근거한 추가적인 세부내용을 포함하는 것을 기억하십시오. 상황에 대해 읽고, 편지를 작성하는데 12분이 주어집니다.

 파트 소개

이 파트에서는 주어진 상황을 토대로 주어진 세부내용을 추가하여, 개인적인 편지를 구체적으로 써야 한다. 주어진 상황은 대부분 우리가 일상에서 쉽게 접할 수 있는 일상적인 내용으로 구성된다. 친구나 가족에게 편하게 이메일 또는 편지 쓰는 상황 정도가 된다.

 파트 전략

Personal Letter의 형식	
Greeting	수신인에 대한 간단한 언급을 한다. Dear (name), Dear Sir/Madam, (이름이 명확하지 않을 경우)
Opening	인사, 안부 물어보기, 안부 전달하기 How are you? How have you been? How is life treating you? How are the kids? I hope you are doing well. I hope you, Mike, and the kids are having a great time in (location).

Purpose of letter	글의 목적을 밝힌다.
	I am writing (in order) to~
	I am writing about ~
	I am writing to ask you that ~
Conclusion	신속한 답변 촉구, 질문 요청, 축하, 감사, 바램
	마무리 인사
Closing	
	Kindly,
	Best regards,
	Kind regards,
	Love,
	Lots of love, 등

Dear Sue, **(Greeting)**

How are you, Sue? **(Opening)** It's been too long since our last visit, and I thought I would write to you to ask you how everything is going. **(Purpose)** How are you and the family doing? If I remember correctly, you are about to start the new semester, right? You must be excited, but at the same time a little nervous.

I am also getting ready for a new school. Do you remember I told you I was about to transfer to a new school? I finally got admitted to the new school, and I'm very thrilled about it.

I miss you very much, and you are always welcome to come and visit me. Please send hellos from me to your family as well. Talk to you soon. **(Conclusion)**

Kind regards, **(Closing)**

Mina

• 해석

> Sue에게
>
> 안녕, Sue! 지난 번 방문 이후 너무 오랜만이야. 그리고 너에게 편지를 써서 모든 일이 어떻게 되어 가는지 물어봐야 되겠다고 생각 했어. 너와 너의 가족은 어떻게 지내니? 내가 제대로 기억한다면, 너는 새학기를 시작하게 될 거야, 그렇지? 너는 흥분되고 동시에 약간 긴장도 될 거야.
>
> 나 또한 새로운 학교를 준비 중이야. 내가 새로운 학교로 전학 간다고 너에게 말했던 거 기억나니? 나는 마침내 새로운 학교에 입학하게 되었고, 그래서 매우 흥분되는구나.
>
> 나는 네가 정말 그리워 그리고 너의 방문은 언제나 환영해. 가족에게도 내 안부를 전해줘. 곧 또 이야기해.
>
> Mina가

1. 문제에서 주어진 상황과 관련된 모든 정보를 포함해서 글을 쓴다. 아무리 잘 쓴 글이라도, 제시된 상황을 다 포함하지 못하면 감점 요인이 될 수 있다.
2. 특정 상황에 대해서 궁금해하거나, 설명하는 내용을 넣어야 할 때도 있는데, 고득점을 목표로 한다면 이 부분을 편지내에서 얼마나 자연스럽게 연결 시킬지도 신경 써야 되겠다.
3. 조언이나 제안을 해야 할 때도 있으며, 기본 표현을 몇 가지 외우고 있으면 훨씬 더 쉽게 쓸 수 있다.
4. 중급 이상의 단계에서는 내용을 포함해 정해진 분량을 채우는 것만큼, 자연스러운 글의 흐름도 중요하다.

Example 1

> Suppose your sister Allie, whom you haven't seen since she went to college, sent an email telling you that she passed the USC Cheerleading Squad auditions. You are now writing her your reply.
>
> In your email, you must:
>
> - congratulate her for passing the auditions;
> - ask how she's doing and tell her about your life;
> - give her tips for a productive college journey.

이메일에 다음의 내용을 담아야 한다.

오디션에 통과한 것에 대해 축하를 한다.
어떻게 지내는지 묻고, 자신의 삶에 관해서도 이야기해준다.
생산적인 대학 생활에 관한 조언을 해준다.

Useful Expressions

1. 축하하는 인사말

congratulations on~
Please accept my warmest congratulations.
I'd like to be the first to congratulate you.

2. 간단한 안부 묻기

How have you been?
How are things?
How are you doing?
What's happening?
What's new?

3. 나의 근황에 관해서 말하기

These days I'm doing great~
I've been busy.
Couldn't be better.
My life is the same as always.

4. 남에게 조언하기

Let me give you some tips(advice).
Let me share my experience for this.

Sample Student Answer

To : allie.gibbs@usmail.com
SUBJECT : Congratulations!

Dear Allie,

Hello there, Allie the cheerleader! Congrats in landing a spot at the USC Cheerleading Squad. I'm sure you going to enjoy the whole experience. How are things, by the way? I don't have any idea what's up with you because your not that active on your twitter and facebook accounts.

Guess what! I got a job as a secretary of Alexa Delgado, the boss of Delgado Furniture Company. Anyway, good luck of your college life. Remember to study well and learn to balance time. It will get harder and harder as days go by, don't forget to have fun sometimes.

I'm rooting for you!

Love,

Alice

답변 분석

1. 자주 쓰는 동사+전치사 숙어는 전치사를 정확하게 사용하도록 한다.
   Congrats in ~ → Congrats on~
   Good luck of~ → Good luck with ~
2. 동사가 누락되지 않도록 하고, proof reading을 통해서 꼭 점검하도록 한다.

Revised Answer

To : allie.gibbs@usmail.com
SUBJECT : Congratulations!

Dear Allie,

Hello there, Allie the cheerleader! Congrats ~~in~~ on landing a spot ~~at~~ on the USC Cheerleading Squad. I'm sure you are going to enjoy the whole experience. How are things, by the way? I don't have any idea what's up with you because ~~your~~ you're not that active on your Twitter ~~and~~ or Facebook accounts.

Guess what! I got a job as ~~a~~ the secretary ~~of~~ to Alexa Delgado, the boss of Delgado Furniture Company. Anyway, good luck ~~of~~ with ~~your~~ college life. Remember to study well and learn to balance your time. It will get harder and harder as days go by, but don't forget to have fun sometimes.

I'm rooting for you!

Love,

Alice,

Dear Allie,

Hello there, Allie the cheerleader! Congrats on landing a spot on the USC Cheerleading Squad. I'm sure you are going to enjoy the whole experience. How are things, by the way? I don't have any idea what's up with you because you're not that active on your Twitter or Facebook accounts.

Guess what! I got a job as the secretary to Alexa Delgado, the boss of Delgado Furniture Company. Anyway, good luck with college life. Remember to study well and learn to balance your time. It will get harder and harder as days go by, but don't forget to have fun sometimes.

I'm rooting for you!

Love,

Alice

해석

수신인 : allie.gibbs@usmail.com
제 목 : 축하해!

Allie에게

안녕, 치어리더 Allie! USC 치어리딩 선수단에서 자리를 따낸 걸 축하해. 나는 네가 전체 경험을 즐거워 할 것이라 확신해. 그런데, 어떻게 지내니? 네가 트위터와 페이스북 계정에서 활동을 안 하니, 네가 어떻게 지내는지 통 모르겠구나.

있잖아! 나는 Delgado가구회사의 사장인 Alexa Delgago의 비서로 취직 했어. 아무튼, 대학 생활에 행운을 빌어. 열심히 공부하고, 시간을 조절하는 법을 배우는 것을 기억해. 날이 갈수록 점점 더 힘들어지겠지만, 가끔 즐거운 시간을 보내는 것을 잊지 마.

나는 널 응원해!

Alice가

주요 문장

I don't have any idea what's up with you because you're not that active on your Twitter or Facebook accounts.
네가 트위터와 페이스북 계정에서 활동을 안 하니, 네가 어떻게 지내는지 통 모르겠구나.

It will get harder and harder as days go by, but don't forget to have fun sometimes.
날이 갈수록 점점 더 힘들어지겠지만, 가끔 즐거운 시간을 보내는 것을 잊지 마.

➡️ Example 2

Suppose your friend Chelsea is currently taking a vacation in Singapore and you want to learn about her experiences there. You are now writing her an email.

In your email, you must:

- ask her about her favorite tourist spots in Singapore so far;
- ask her about her favorite Singaporean food and activities;
- invite her to go with you on your next Singapore trip.

이메일에 다음의 내용을 담아야 한다.

지금까지 싱가폴에서 좋았던 관광명소에 대해서 물어본다.
선호하는 싱가폴 음식과 활동에 관해서 물어본다.
그녀를 다음 싱가폴 여행에 초청한다.

★ Useful Expressions

1. 좋아하는 것 물어보기
What is your favorite~?
What do you like best among ~?
Which one do you prefer among~?

2. 상대방에게 함께 하기를 초청하기
I want you to do ~ with me.
I would like you to do~ with me.
I was wondering if you would like to do~ with me.

Sample Student Answer

To : chelseasmith@hotmail.com

SUBJECT : Your Singapore trip

How are you? I know you're in Singapore right now and I hope you're really enjoying your vacation there. You told me you would visited a lot of tourist spots. Is the Universal Studios park there your favorite? Probably, because I know you love live entertainment and amusement rides. What are your favorite Singaporean foods? My personal favorite is curry laksa soup. Have you done any fun activities? I heard that the spas there are famous. Maybe you should try one. In fact, I'm planning to visit Singapore soon, I hope. Maybe you can meet me. It will be great to share with me some of the best experiences you you've had there.

Best regards,

Jackie

답변 분석

1. 조동사 뒤에 동사원형을 쓰는 것과 같은 기본 문법규칙은 틀리지 않도록 한다. 언제나 proof reading을 통해 다시 확인하자.

   You told me you would **visited** a lot of tourist spots there.

2. 동사와 목적어 사이에는 다른 부사나 전치사구를 추가하지 않는다.

   share ~~with me~~ some of the best experiences you had there.

Revised Answer

To : chelseasmith@hotmail.com
SUBJECT : Your Singapore Trip

Hi, Chelsea!

How are you? I know you're in Singapore right now and I hope you're really enjoying your vacation there. You told me you would visit~~ed~~ a lot of tourist spots. Is the Universal Studios park there your favorite? Probably, because I know you love live entertainment and amusement rides. What are your favorite Singaporean foods? My personal favorite is curry laksa soup. Have you done any fun activities? I heard that the spas there are famous. Maybe you should try one. In fact, I'm planning to visit Singapore soon, ~~I hope~~. Maybe you can meet me. It will be great to share ~~with me~~ some of the experiences you've had there.

Best regards,

Jackie

Hi, Chelsea!

How are you? I know you're in Singapore right now and I hope you're really enjoying your vacation there. You told me you would visit a lot of tourist spots. Is the Universal Studios park there your favorite? Probably, because I know you love live entertainment and amusement rides. What are your favorite Singaporean foods? My personal favorite is curry laksa soup. Have you done any fun activities? I heard that the spas there are famous. Maybe you should try one. In fact, I'm planning to visit Singapore soon. Maybe you can meet me. It will be great to share some of the experiences you've had there.

Best regards,

Jackie

• 해석

수신인	: chelseasmith@hotmail.com
제 목	: 너의 싱가폴 여행

안녕, Chelsea!

잘 지내니? 네가 지금 싱가폴에 있는 걸 알고 있어 그리고 네가 거기서 휴가를 즐기고 있길 바란다. 너는 나에게 거기에서 많은 관광명소를 방문하겠다고 했었어. 네가 제일 좋아한 곳이 유니버설 스튜디오라고 했지? 아마 그럴 거 같아. 너는 라이브 엔터테인먼트와 놀이 기구들을 좋아하니까. 네가 가장 좋아하는 싱가폴 음식은 무엇이니? 내가 개인적으로 좋아하는 것은 커리 락사 수프야. 재미있는 활동은 한 적 있어? 나는 그곳의 스파가 유명하다고 들었 어. 너도 한 번 해 봐야 지. 사실, 나는 곧 싱가포르에 갈 계획이야. 아마 나를 만날 수 있을 거야. 나에게 주변 구경도 시켜주고, 네가 거기서 겪었던 최고의 경험들도 공유해줘.

Jackie가

📄 주요 문장

I know you're in Singapore right now and I hope you're really enjoying your vacation there.
네가 지금 싱가폴에 있는 걸 알고 있어 그리고 네가 거기서 휴가를 즐기고 있길 바란다.

Show me around, and share some of the best experiences you've had there.
나에게 주변 구경도 시켜주고, 네가 거기서 겪었던 최고의 경험들도 공유해줘.

Exercise

Suppose you stayed at your friend Jane's home and had a good time with her and her family. You would like to see them again this summer. You are now writing her an email to invite them to your place.

In your email, you must:

- express your gratitude for being able to stay at your friend's house;
- invite your friend to come to your house this summer;
- schedule the best month to visit.

이메일에 다음의 내용을 담아야 한다.

친구 집에 머물 수 있게 된 것에 대해 감사를 표하라.
이번 여름에 너의 친구를 너의 집으로 초대해라.
방문하기에 가장 좋은 달을 정하라.

Your Answer

📝 Sample Answer

To : Jane@worldmail.com
SUBJECT : Summer Visit

Dear Jane,

I can't tell you how thankful I am for being able to stay at your home when I was in LA. It was a delight to see your loving family. Especially, you and your husband created such a warm and friendly atmosphere.

I would really like your family to visit my house during the upcoming summer. I have plenty of room at my house, and all my family members are really excited about this.

July would be the perfect month for us. If you can't spare time then, hopefully you can come during another summer month. I'm really looking forward to seeing you again.

Lots of love,

Sophia

● 해석

수 신 인 : Jane@worldmail.com
제 목 : 여름에 놀러 와

Jane에게

내가 LA에 있을 때, 당신의 집에 머무를 수 있어서 얼마나 고마운지 말로 다 할 수가 없습니다. 당신의 사랑스러운 가족을 보는 것이 정말 기뻤습니다. 특히, 당신과 당신의 남편은 따뜻하고 다정한 집안 분위기를 만들더군요.

다가오는 여름에 당신 가족이 우리집을 방문 했으면 합니다. 우리집에는 많은 방이 있으며, 우리 가족 모두 이 일로 정말 들떠 있습니다.

7월이 우리에게는 가장 좋은 달입니다. 만약 당신이 그 때 시간을 낼 수 없다면, 당신은 여름의 다른 달에 와도 됩니다. 나는 정말 당신을 다시 만나기를 고대하고 있습니다.

친애하는 Sophia가

PART 3. Composing a Formal Letter

Directions: Write a formal letter of at least 100 words based on the following situation. Make sure to include all the information provided in the situation, and to create an appropriate subject, greeting, and closing. Remember to include additional details based on the situation provided. You will have twelve (12) minutes to read the situation and to type your letter.

다음 주어진 상황에 관해서 적어도 100단어의 개인적인 편지를 쓰시오. 상황에서 제공된 모든 정보를 포함하여, 적절한 제목, 인사, 마무리를 하도록 꼭 쓰도록 하십시오. 제공된 상황에 근거한 추가적인 세부내용을 포함하는 것을 기억세요. 상황에 대해 읽고, 편지를 작성하는데 12분이 주어집니다.

 파트 소개

이 파트에서는 편지를 통해서 감사나 유감 등을 표현해야 합니다. 또한, 편지 쓰는 목적이 Personal Letter에 비해서 훨씬 더 분명합니다. 실제 업무 상황과 거의 흡사한 편지를 쓰는 것이므로, 요구나 전달사항을 제대로 표현하는 능력이 특별히 중요합니다. Personal Letter와는 다르게, 너무 구어체이거나 친숙한 말투는 지양해야 합니다.

 파트 전략

Formal Letter의 형식	
Greeting	수신인에 대한 간단한 언급을 한다.
Purpose of letter	편지의 목적 → (통보, 문의, 초대)를 명료하게 밝힌다. I am writing to inform you that~ The reason I'm writing this e-mail is that~ I'm writing this letter to notify you that~ I'm writing this e-mail to inform you of ~ I'm writing you concerning ~
Conclusion	요청사항(request), 알림(inform), 공지(notice) 마무리 인사 I look forward to hearing from you.

I look forward to meeting you.
I look forward to your reply.
If you require more information,
Should you have any questions,
If you are wondering about ~
Thanks for your consideration.
Thank you for your understanding.
Your guidance has been invaluable.

Closing

Sincerely,
Yours faithfully,
Yours truly,
Respectfully,
Best regards, 등

Dear Sir/Madam, **(Greeting)**

Hello, I'm one of your customers.

I'm writing to you concerning a recent purchase of your product. **(Purpose)**
Approximately two weeks ago, I ordered a total of three vacuum cleaners from your website. I received a notification through e-mail a day later confirming the receipt of payment and the shipment. According to your website, shipments should reach the destination within 3-5 business days of being sent, but I have yet to receive it. Do you have any information on what may have happened to delay the shipment or where the shipment is right now?

I have previous experience with your product and service. That's why I have the greatest confidence in your products and customer service. I need them right away. However, if something unexpected has happened, you might be able to provide me with an idea of when I can expect them. <Request> Thank you in advance for any help you might be able to offer. **(Conclusion)**

Sincerely, **(Closing)**

Kyle Bread

Chapter 4. Intermediate

• 해석

Dear Sir/Madam

안녕하세요, 저는 당신의 고객 중 한 명입니다.

저는 당신의 제품을 최근 구매한 것에 관해 편지를 씁니다. 대략 2주 전, 당신의 웹사이트에서 전체 3개의 진공청소기를 구매하였습니다. 하루 지나서 이메일을 통해 그 제품들의 지불영수증과 배송을 확인해주는 공지를 받았습니다. 당신의 웹사이트에 따르면, 배송을 보내고 3~5 영업일 안에 목적지에 도착해야 하지만, 저는 아직 받지 못하였습니다. 어떤 일이 수송을 지연하게 만드는 것인지, 현재 수송품이 어디에 있는지에 대한 정보가 있나요?

저는 당신의 상품과 서비스에 관해 지난 경험이 있습니다. 당신 제품과 상품 서비스에 제가 자신하는 이유입니다. 저는 당장 그것들이 필요합니다. 하지만, 만약 예상치 못한 일이 일어났다면, 제가 언제쯤 그것들을 받을 수 있는지 알려주시기 바랍니다. 당신이 제공할 수 있는 모든 도움에 미리 감사 드립니다.

Kyle Bread 올림

1. 문제에서 주어진 상황과 관련된 모든 정보를 포함해서 글을 쓴다. 편지의 목적은 축하, 불만, 통보, 문의 등 공식편지에서 다룰 수 있는 다양한 주제가 다루어 진다.
2. Formal Letter의 형식에 자주 쓰는 표현을 숙지하고 있으면, 글 쓰는 시간을 많이 단축할 수 있다.
3. 중급 이상의 단계에서는 기본 형식에 맞춰 요구된 정보를 모두 담는 것은 기본이며, 자연스러운 글의 흐름도 중요하다. 또한, 표현이 고급스럽고 다채로운지도 확인하도록 한다.

 **Example 1**

Suppose that, the HR personnel of a company whom you applied for, told you that you got the job. She asks you to come by their office on Tuesday to discuss the contract. However, you cannot come because you're traveling to Paris on that day. You are now writing an email to the HR personnel manager, Cindy Tucker, to inform her about your situation.

In your email, you must:

- express your gratitude regarding the opportunity;
- state your reason for writing the email;
- request another date to conduct the meeting.

편지에 다음을 포함하여야 한다.

기회에 대한 감사를 표현한다.
이 이메일을 쓰는 이유에 대해서 기술한다.
만남을 시행할 다른 날짜를 요청한다.

Useful Expressions

1. express your gratitude: 감사를 표현하는 말

I am very glad that ~
I really appreciate ~
t is an honor that ~
I would like to express my gratitude for

2. state your reason for writing the letter: 목적을 표현하는 말

I am writing in order to ~
The reason I am writing this is that ~

3. inform / request: 요청하는 말

I think you should ~
I would like to inform you that~

Sample Student Answer

To   : Ms. Cindy Tucker
              Human Resource Personnel
              Creative Blood Advertising Firm
From   : Richard Morris
RE   : Contract signing
Date   : (insert date)

Good day, Ms. Tucker!

I received your e-mail and i want to thank you for giving me the opportunity to showcase my skills in your company. However, i have an urgent situation. You see, i will fly to Paris next week, on Tuesday to be exact. That being said, i can't go to your office that day. May I know if there's a way that we can reschedule it? I sincerely apologize for this matter. Rest assured that I will clear my schedule for the new time and date that you will give me.

Hoping for your kind consideration.

Thanks and regards,

Richard Morris

답변 분석

1. I는 항상 대문자로 써야 한다.
2. 쓸데없이 쓰여진 부사나 수식어구 표현은 빼서 간결한 편지 글이 되도록 한다. 공식적인 편지이므로, 수식어구를 많이 붙이면 핵심이 흐려 보일 수 있다.
3. 중복적인 표현은 피해서 formal한 글이 되도록 한다.

Revised Answer

To	: Ms. Cindy Tucker
	Human Resource Personnel
	Creative Blood Advertising Firm
From	: Richard Morris
RE	: Contract signing
Date	: (insert date)

~~Good day~~ Dear Ms. Tucker~~!~~,

I received your e-mail and ~~i~~ want~~ed~~ to thank you for giving me the opportunity to showcase my skills in your company. Due to an urgent situation, however, ~~i have. You see~~, I will have to fly to Paris on Tuesday of next week, ~~to be exact~~.
That being said, I ~~can't go to~~ unfortunately won't be able to visit your office that day. ~~May I~~ Please let me know if there's a way ~~that we can~~ for us to reschedule ~~it~~ our meeting?. I sincerely apologize for this matter. Rest assured that I will clear my schedule for ~~the~~ whatever new time and date ~~that~~ you ~~will give~~ can offer me.

~~Hoping~~ Thank you in advance for your kind consideration.

~~Thanks and~~ Best regards,

Richard Morris

Dear Ms. Tucker,

I received your e-mail and wanted to thank you for giving me the opportunity to showcase my skills in your company. Due to an urgent situation, however, I will have to fly to Paris on Tuesday of next week.

That being said, I unfortunately won't be able to visit your office that day. Please let me know if there's a way for us to reschedule our meeting. I sincerely apologize for this matter. Rest assured that I will clear my schedule for whatever new time and date you can offer me.

Thank you in advance for your kind consideration.

Best regards,

Richard Morris

> Ms. Cindy Tucker 에게
> 인사부 직원
> 창의 혈액 광고 회사

Cindy Tucker씨에게

안녕하세요. 이 메일을 받았습니다. 제가 당신 회사에서 제 기술을 보여드릴 기회를 저에게 주신 점에 대해서 감사드리고 싶습니다. 급한 사정 때문에, 나는 다음주 화요일에 파리로 비행해야 합니다.

그 점 때문에, 나는 불행하게도, 그 날 당신의 사무실을 방문할 수 없을 겁니다. 저희가 우리 회의 일정을 조정할 수 있는 방법이 있을까요? 이 문제에 대해서 진심으로 사과 드립니다. 당신이 제시하는 새로운 시간과 날짜가 어찌 되던, 제가 맞출 것을 확신 드립니다.

당신의 배려에 미리 감사드립니다.

Richard Morris 올림

주요 문장

I received your e-mail and wanted to thank you for giving me the opportunity to showcase my skills in your company.
당신의 이메일을 받고, 당신의 회사에서 내 기술을 보여줄 수 있는 기회를 주신 점에 대해서 감사하고 싶습니다.

Due to an urgent situation, however, I will have to fly to Paris on Tuesday of next week.
그렇지만, 급한 상황 때문에 다음주 화요일 파리로 비행기 타고 가야합니다.

Please let me know if there's a way for us to reschedule our meeting.
우리가 회의 일정을 다시 잡을 수 있는 방법이 있는지 알려주세요.

Thank you in advance for your kind consideration.
당신의 배려에 미리 감사드립니다.

 **Example 2**

Suppose you are planning to surprise your parents for their 25th wedding anniversary. You are now writing an email to Candice Stuart, an event organizer, to help you with your plans for the party.

In your email, you must:

- state your purpose for writing the email;
- give specific details about the event: date, time, number of guests;
- instruct her which kinds of food you would like to be served and what party theme you would like to be used.

편지에 다음의 내용을 포함해야 한다.

편지를 쓰는 목적을 진술한다.
사건에 관한 구체적인 세부내용(날짜, 시간, 손님의 수)을 작성한다.
어떤 음식이 나오기를 원하는지, 파티에 어떤 테마가 사용되길 원하는지 지시한다.

Sample Student Answer

To	: **Ms. Candice Stuart**
	Event Organizer
	Blissful Events
From	: Jackie Field
RE	: Silver wedding anniversary
Date	: September 11, 2019

Dear Ms. Candice Stuart,

I would like to hire you as an event's organizer for my parents' 25th wedding anniversary. It will be my surprise party for them. I want it to be held at the Bellevue Pavilion near our home at exactly 6 in the evening on November 17. I am expecting around 300 guests on the party.

Chapter 4. Intermediate 123

I want Chinese cuisine to be served since it is our family's favorite. I also like the decorations of the venue to be in gold and black. The theme should be something about classic vintage.

Please contact me at 624-2990 so that we can talk about this formally.

Yours truly,

Jackie Field

1. 간결하게 공식적인 느낌을 주기 위해서는, 반복적이거나 모호한 문장은 빼도록 한다.

Revised Answer

Dear Ms. Stuart,

I would like to hire you as an ~~event's~~ organizer for my parents' 25th wedding anniversary. It will be my surprise party for them. I ~~want~~ would like it to be held at the Bellevue Pavilion near our home starting at exactly 6 in the evening on November 17. I am expecting around 300 guests ~~on~~ at the party.

I ~~want~~ would like Chinese cuisine to be served since it is our family's favorite. ~~I also like the decorations of the venue to be in gold and black.~~ Also, the theme should be something ~~about~~ that's classic and vintage, and I would like the decorations for the venue to follow a gold and black color scheme.

Please contact me at 624-2990 so that we can talk about this formally.

Yours truly,

Jackie Field

Dear Ms. Stuart,

I would like to hire you as an event organizer for my parents' 25th wedding anniversary. It will be my surprise party for them. I would like it to be held at the Bellevue Pavilion near our home starting at exactly 6 in the evening on November 17. I am expecting around 300 guests at the party.

I would like Chinese cuisine to be served since it is our family's favorite. Also, the theme should be something that's classic and vintage, and I would like the decorations for the venue to follow a gold and black color scheme.

Please contact me at 624-2990 so that we can talk about this formally.

Yours truly,

Jackie Field

● 해석

Stuart씨에게

저는 당신을 저희 부모님 결혼 25주년 행사 주최자로 고용하고 싶습니다. 부모님들을 위한 저희 서프라이즈 파티가 될 것입니다. 11월 17일 저녁 6시 정각에 저희 집 근처에 있는 Bellevue Pavilion에서 파티를 열었으면 합니다. 약 300명의 손님이 올 예정입니다.

우리 가족은 중국 요리를 가장 좋아하기 때문에, 중국 요리가 제공되기를 원합니다. 또한, 테마는 고전적이고 빈티지한 것이어야 하며, 행사장 장식은 금색과 검은색 배색으로 했으면 합니다.

정식으로 얘기할 수 있도록 624-2990번으로 저에게 연락 주십시오.

Jackie Field 올림

📄 주요 문장

I would like to hire you as an event organizer for my parents' 25th wedding anniversary.
저는 당신을 저희 부모님 결혼 25주년 행사 주최자로 고용하고 싶습니다.

I would like Chinese cuisine to be served since it is our family's favorite.
우리 가족은 중국 요리를 좋아하기 때문에, 중국 요리가 제공되기를 원합니다.

Please contact me at 624-2990 so that we can talk about this formally.
정식으로 얘기할 수 있도록 624-2990번으로 저에게 연락 주십시오.

📝 Exercise

Suppose you recently had an interview with Saint High for the position of biology teacher. You are now writing an email to show how much you like the school and would like to work there.

In your letter, you must:

- show your gratitude for the chance of an interview;
- give specific details about your impression of the school: the campus, facilities, students, faculty, and staff;
- encourage them to contact you.

편지에 다음의 내용을 포함해야 한다.

면접 기회에 대한 감사를 표현하라
학교에 대한 당신의 인상을 구체적으로 말해라: 캠퍼스, 시설, 학생, 교직원
그들이 당신에게 연락하도록 부추겨라.

Your Answer

Sample Answer

Dear Ms. Kim,

Thank you very much for the opportunity to interview for the position of biology teacher at Saint High. Please extend my gratitude to the teachers and staff who were so kind during my visit.

I'm impressed with your school in so many ways. First of all, I found your campus very attractive. All the historical buildings and towering trees blend so well together, and it creates a wonderful atmosphere. Additionally, I enjoyed meeting students. They all seemed to be very eager to learn. Finally, I greatly enjoyed the conversation with people from your school. They couldn't be more friendly and considerate.

Again, thank you for giving me the chance to have a wonderful interview. I look forward to hearing from you.

Sincerely,

Kyle Smith

● 해석

MS Kim 에게

Saint High에 생물 선생님의 자리의 인터뷰 기회를 주신 점에 대해서 감사합니다. 방문 기간 동안 친절하게 대해 주신 선생님들과 직원 여러분께 감사의 말씀을 전하고 싶습니다.

당신의 학교에 관해 여러가지로 깊게 인상을 받았습니다. 첫번째로, 캠퍼스가 매력적이었습니다. 모든 역사적 건물과 우뚝 솟은 나무들이 너무나 잘 어우러져 멋진 분위기를 자아냅니다. 게다가, 저는 학생들을 만나는 것이 즐거웠습니다. 그들은 모두 배우려는 열의가 대단해 보였습니다. 마지막으로, 당신 학교 사람들 과의 대화도 즐거웠습니다. 아주 친근하고 배려심이 있더군요.

다시 한번, 훌륭한 인터뷰 기회를 주신 점에 대해서 감사합니다. 당신으로부터 소식을 듣는 것을 고대합니다.

Kyle Smith 올림

PART 4. Constructing a Paragraph

Directions: Write a detailed article of at least 120 words based on the picture below. Create an appropriate title for your article. Make sure to include what could possibly happen based on the information depicted by the picture. You will have fourteen (14) minutes to study the picture and to type your article.

아래의 사진에 근거해 적어도 120단어 이상의 상세한 글을 작성하세요. 글에 적절한 제목을 만드십시오. 그림에 설명된 정보를 기반으로 발생할 수 있는 상황을 반드시 포함시켜야 합니다. 그림을 검토하고, 글을 타이핑하는 데 14분이 주어집니다.

파트 소개

주어진 도표가 나타내는 정보를 영어로 설명해야 하는 파트이다. 설명에 앞서, 먼저 도표가 보여주는 바를 이해해야 함이 필수이긴 하지만, 해석이 어려운 부분이 나오지는 않으므로 3등급을 목표로 하는 수험자라면, 도표 해석이 어려워서 설명할 부분을 놓치지는 않을 것이다. 초중급 정도의 점수를 목표로 한다면 도표 전체의 흐름 정도만 설명해도 충분하겠지만, 3등급을 목표로 한다면 큰 흐름의 내용에 좀 더 구체적인 내용을 큰 문법적 오류없이 세부적으로 설명하는 것이 필요하다.

파트 전략

1. 그래프의 제목을 읽어보고, 큰 흐름을 파악한다.
2. 표가 보여주는 세부내용을 최대한 숙지한다.
3. 표를 토대로, 앞으로 예측되는 패턴까지 예상해서 정리해서 써준다면, 고득점 획득에 도움이 될 것이다.
4. 영어로 요약 시, 최대한 오류 없이 쓸 수 있는 간결한 영어 문장으로 쓰도록 한다.
5. 제목은 완성 전이나 후에 아무 때나 붙여도 무방하다.
6. 구어적인 표현은 최대한 자제해서 formal한 느낌이 나는 글이 되도록 한다.
7. 수험자의 주관적인 의견은 자제하고, 표가 나타내는 객관적 내용만 담도록 한다.

Example 1

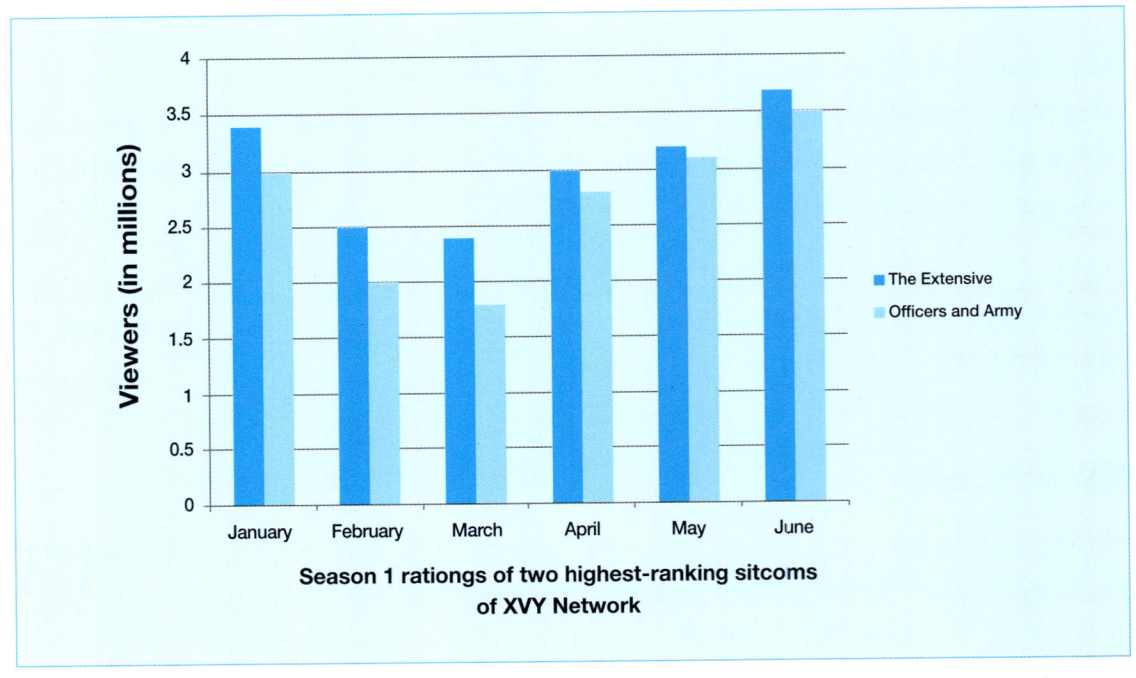

Sample Student Answer

Title: Season 1 Summary of *The Extensive and Officers and Army*

The first few episodes of the two sitcoms were both had a promising. Both sitcoms was watched by at least 3 million viewers on just the first month of the year. But, the Ratings, however, went down in February to and March. for the month of February, The Extensive had 2.5million viewers while Officers and Army only had 2million viewers, and the ratings kept lowering on March. But for the show's last three months, the viewership rose again. And on June, maybe because it was the end of season 1, their ratings went to their highest, even higher than those of their pilot episodes. So, I guess this trend is, indicates that the show's viewership is high on its first few episodes and on its final episodes.

1. 표는 XVY Network의 시트콤 두 개의 각 시청자 수를 비교하고 있다.
2. 가로축은 월별에 따른 두 시트콤 시청자의 수치 변화를 보여준다.
3. 세로축은 하나는 The Extensive, 또 다른 하나는 Officers and Army가 각각 얼마나 많은 시청자 수치를 달성했는지 보여주고 있다.
4. The Extensive가 Officers and Army보다 모든 달 더 많은 시청자수를 보유하고 있다.
5. 3월부터는 두 시트콤 모두 공통적으로 시청자 수가 상승하는 구조이며, 6월에 가장 많은 시청자를 기록하였다.
6. 고득점 영작문의 핵심은 첫번째로 풍부한 양이며, 두번째로 자연스러운 흐름이다. 일단, 문제가 요구하는 최소 글자수보다 수험자 답변의 양이 적다면, 전반적으로 안 좋게 보여 질 가능성이 높다. 앞 문장에 했던 이야기를 마무리 없이, 다음 문장에서 다른 주제로 훅 넘어가는 갑작스러운 전개 역시 좋은 인상을 주지 못한다. 고득점을 목표로 한다면, 정해진 시간보다 빠르게 많은 양을 쓰는 연습을 한 후, 남는 3~4분은 자연스러운 흐름을 직접 체크하도록 self proof reading 하는 시간을 꼭 가지도록 하자.

Revised Answer

Title: Season 1 Summary of *The Extensive and Officers and Army*

The first few episodes of the two sitcoms were both ~~had a~~ promising. Both sitcoms ~~was~~ were watched by at least 3 million viewers ~~on~~ in just the first month of the year. ~~But, the~~ Ratings, however, went down in February ~~to~~ and March. For the month of February, The Extensive had 2.5million viewers while Officers and Army only had 2 million viewers, and the ratings kept ~~lowering~~ going down ~~on~~ in March. But ~~for~~ during the show's last three months, ~~the~~ viewership rose ~~again. And on~~ In June, maybe because it was the end of season 1, their ratings ~~went~~ rose to their highest level, even higher than those of their pilot episodes. ~~So, I guess~~ Presumably, this trend ~~is,~~ indicates that the show's viewership is high ~~on~~ during its first few episodes and ~~on~~ its final episodes.

Title: Season 1 Summary of *The Extensive and Officers and Army*

The first few episodes of the two sitcoms were both promising. Both sitcoms were watched by at least 3 million viewers in just the first month of the year. Ratings, however, went down in February and March. For the month of February, The Extensive had 2.5M viewers while Officers and Army only had 2M viewers, and the ratings kept going down in March. But during the show's last three months, viewership rose. In June, maybe because it was the end of season 1, their ratings rose to their highest level, even higher than those of their pilot episodes. Presumably, this trend indicates that the show's viewership is high during its first few episodes and its final episodes.

• 해석

제목: Season 1 The Extensive 와 Officers and Army에 대한 요약

두 시트콤은 모두 첫 몇 에피소드에서 유망하였다. 두 시트콤 모두 그 연도의 첫번째 달에, 적어도 300만명의 시청자들에 의해서 시청되었다. 그러나, 순위는 2월에서 3월에 낮아졌다. 2월에는 The Extensive는 250만 시청자 뿐이었고, Officers and Army 는 단 200만 뿐이었다. 순위는 3월에 더 낮아졌다. 하지만, 지난 3개월 동안 시청률은 다시 올라갔다. 6월에는, 시즌 1의 끝 무렵이라, 시청률이 더 높아졌을 것이다. 파일럿 편보다도 훨씬 더 높은 수치였다. 아마도 이러한 경향은 쇼의 첫 몇 에피소드와 마지막 에피소드에서 시청률이 높다는 것을 보여준다.

주요 문장

The first few episodes of the two sitcoms were both promising.
두 시트콤은 모두 첫 몇 에피소드에서 유망하였다.

Both sitcoms were watched by at least 3 million viewers in just the first month of the year.
두 시트콤 모두 그 연도의 첫번째 달에, 적어도 3백만명의 시청자들에 의해서 시청되었다.

Presumably, this trend indicates that the show's viewership is high during its first few episodes and its final episodes.
아마도 이러한 경향은 쇼의 첫 몇 에피소드와 마지막 에피소드에서 시청률이 높다는 것을 보여준다.

Useful Expressions

1. The trend indicates that ~   추세는 ~을 나타낸다.
2. Even higher than   ~보다 훨씬 높은

 # Example 2

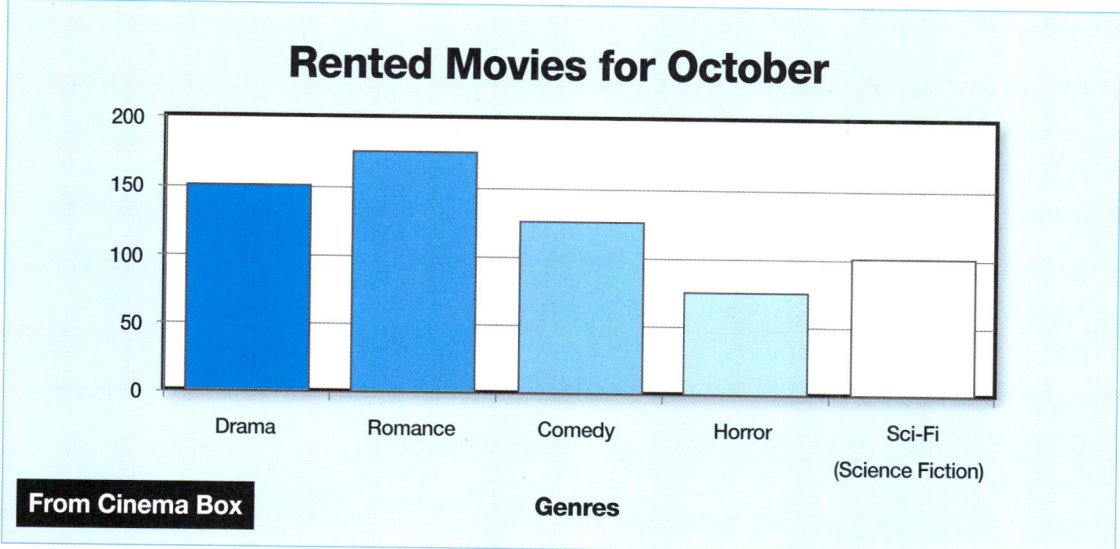

Sample Student Answer

Title: Cinema Box rentals by genre

The graph shows what kinds of movies are being rented the most from Cinema Box for the month of October. The genres included are Drama, Romance, Comedy, Horror and Science Fiction. The most rented genre is the Romance while the least rented genre is the Horror movies. The Romance genre has 175 copies being rented. next is the Drama genre with 150 copies being rented; third is the Comedy genre with 125 copies being rented; fourth is the Sci-Fi with 100 copies being rented and lastly, the Horror genre with 75 copies being rented. There are no special trends in the graph but I think that if an excellent movie will be released, the genre where it belongs will rise.

답변 분석

1. 제목에 단어의 시작은 대문자로 한다.
2. 접속사가 필요한 곳에 전치사를 쓰지 않았는지 확인한다.
3. 자주 쓰는 쉬운 단어의 철자가 맞는지 확인한다.

Revised Answer

Title: **Cinema Box Rentals by Genre**

The graph shows what kinds of movies ~~are being~~ were rented the most from Cinema Box ~~for~~ in the month of October. The genres included are drama, romance, comedy, horror, and science fiction. The most rented genre is ~~the~~ romance while the least rented ~~genre~~ is ~~the~~ horror ~~movies~~. Approximately 175 romance movies were rented. This is followed by 150 drama movies, 125 comedies, 100 sci-fi movies, and lastly, 75 horror movies. Romance movies are probably popular because they have happy endings. Drama is almost as popular as romance. Like the romance genre, drama movies can be very emotional. If they were a bit less serious and more fun, they might be as popular as romance. Not many people rented horror movies. This is surprising, since the movies were rented in October, the month of Halloween.

Title: **Cinema Box Rentals by Genre**

The graph shows what kinds of movies were rented the most from Cinema Box in the month of October. The genres included are drama, romance, comedy, horror, and science fiction. The most rented genre is romance while the least rented is horror. Approximately 175 romance movies were rented. This is followed by 150 drama movies, 125 comedies, 100 sci-fi movies, and lastly, 75 horror movies. Romance movies are probably popular because they have happy endings. Drama is almost as popular as romance. Like the romance genre, drama movies can be very emotional. If they were a bit less serious and more fun, they might be as popular as romance. Not many people rented horror movies. This is surprising, since the movies were rented in October, the month of Halloween.

• 해석

제목: 장르별 시네마 박스 렌탈

이 그래프는 10월에 시네마 박스로부터 어떤 종류의 영화가 가장 많이 대여되었는지를 보여준다. 장르로는 드라마, 로맨스, 코미디, 공포, 공상과학소설 등이 있다. 가장 많이 빌린 장르는 로맨스, 가장 적게 빌린 장르는 공포이다. 대략 175편의 로맨스 영화가 대여되었다. 이어서 드라마 150편, 코미디 125편, 공상과학 100편, 공포영화 75편 순이다. 로맨스 영화는 아마도 해피엔딩이 있기 때문에 인기가 있을 것이다. 드라마는 거의 로맨스만큼 인기가 있다. 로맨스 장르처럼 드라마 영화도 감성적일 수 있다. 만약 드라마가 조금 덜 진지하고 더 재미있다면, 그것은 로맨스만큼 인기가 있을지도 모른다. 공포영화를 빌리는 사람은 많지 않았다. 이 영화들이 할로윈의 달인 10월에 대여되었기 때문에 이것은 놀라운 일이다.

주요 문장

The graph shows what kinds of movies were rented the most.
이 그래프는 어떤 종류의 영화가 가장 많이 대여되었는지를 보여준다.

The most rented genre is romance while the least rented is horror.
가장 많이 빌린 장르는 로맨스, 가장 적게 빌린 장르는 공포이다.

Exercise

Create an appropriate title for your article. Make sure to predict what could happen based on the information presented in the graph.

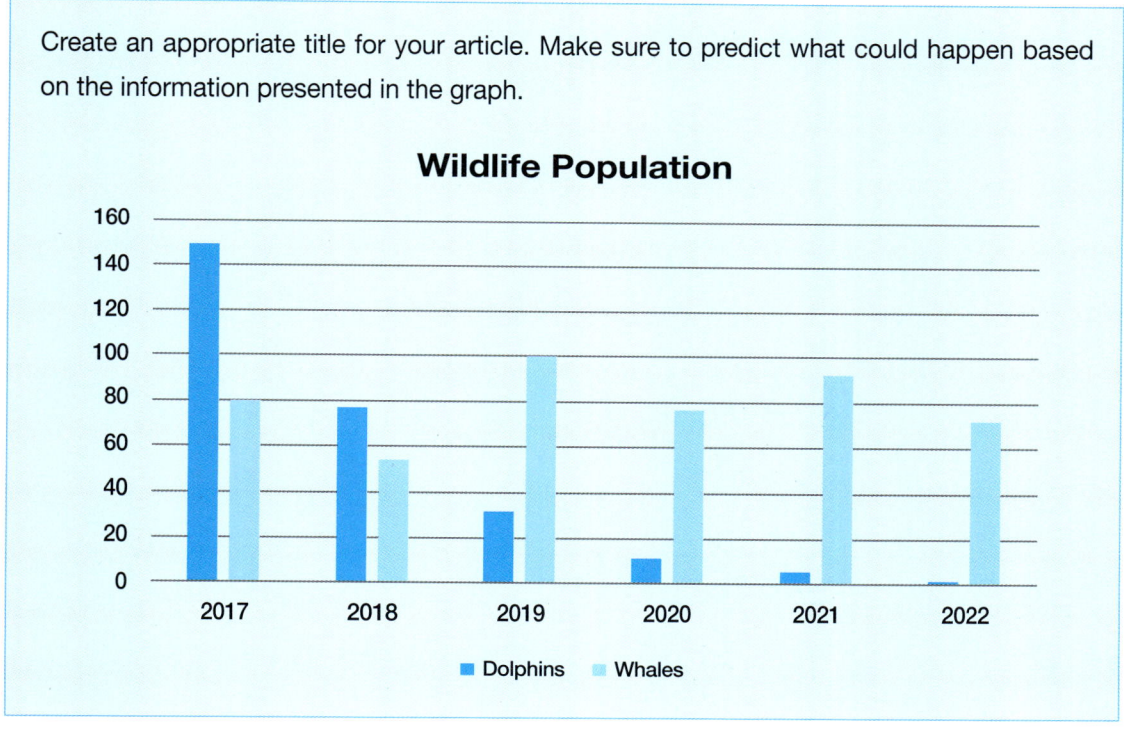

Your Answer

📝 Example Answer

The graph shows wildlife populations. In 2017, there were nearly twice as many dolphins as whales. Generally, the population of dolphins went down every year, and finally reached its lowest point in 2022. The population of whales was the highest in 2019; it went down or up slightly every year. It was 2018 when the population of whales hit its lowest point. Although the population of dolphins was higher than that of whales in 2017 and 2018, the population of whales exceeded that of dolphins from 2019 to 2022. This is because the population of dolphins went down seriously every year. Overall, the decline of the number of dolphins is greater than that of whales. According to this trend, dolphins will soon be endangered.

• 해석

그래프는 야생동물 개체 수를 보여준다. 2017년에는 고래보다 돌고래 수가 거의 두 배나 많았다. 일반적으로 돌고래의 개체 수는 매년 감소했고, 마침내 2022년에 최저점에 도달했다. 2019년에 고래 개체수가 가장 많았는데, 매년 약간 감소하거나 증가했다. 고래의 개체수가 가장 최저인 때는 2018년이었다. 2017년과 2018년에는 돌고래의 개체 수가 고래의 개체 수보다 많았으나, 2019년부터 2022년에는 고래의 개체수가 돌고래의 개체 수를 넘어섰다. 이것은 돌고래의 수치가 매년 급격히 감소했기 때문이다. 전반적으로, 돌고래 수의 감소는 고래보다 더 크다. 이런 추세에 따라 돌고래는 곧 멸종위기에 처하게 될 것이다.

PART 5. Writing an Essay

Directions: Study the passage below, and then write an essay of at least 140 words, stating your opinion on the topic of the passage. Explain your opinion in as much detail as possible. You will have sixteen (16) minutes to write your essay.

아래의 단락을 읽고, 단락의 주제에 대한 당신의 의견을 적어도 140단어 이상의 에세이로 작성하십시오. 당신의 의견을 가능한 자세히 설명하도록 합니다. 에세이를 쓸 수 있는 시간으로 16분이 주어집니다.

📘 파트 소개

이 파트는 본인의 의견이나 주장을 쓰는 글이다. 3 등급 정도의 점수를 원한다면, 단순히 본인의 주장만을 나열하는 것으로 그치지 않고, 합당한 예제와 이유 등이 적절한 영어 표현으로 설명이 되는지도 확인해야할 것이다. 간혹, 너무 잘 쓰려는 욕심에 너무 어려운 이유나 추상적인 예제를 들어, 글 자체가 전체적으로 납득이 안되는 경우가 있기도 하다. 고득점의 핵심은 충분한 양과 자연스러운 흐름이다. 주어진 시간보다 빠르게 많이 쓰고, 흐름이 자연스러운지 꼭 self proof reading할 시간을 가지도록 해야 한다.

📘 파트 전략

1. 주어진 문제를 꼼꼼히 읽어서 무엇에 대해 써야 하는지 정확히 파악하도록 한다.

2. 본인의 주장이나 의견을 한 방향으로 정한다. 이 때 유의할 점은, 그 주장을 뒷받침할 만한 이유와 예제가 많은 쪽으로 의견을 정하는 것이다.

3. 3등급 정도의 점수를 목표로 한다면, 질문에서 요구하는 단어 양보다 좀 더 많이 써서 글이 풍성해 보이도록 노력해야한다.

4. 풍성하게 쓰는 것이 되고 나면, 흐름이 자연스러운지도 시간을 내서 꼭 다시 읽어서 수정하는 시간을 가지도록 한다.

Example 1

Plenty of people from this generation are experiencing socio-economic problems like, lack of opportunities and low salaries. What do you think these people should work on to achieve their goals before reaching their 40's?

이 세대의 많은 사람들이 기회의 부족 그리고 적은 월급과 같은 사회 경제적 문제를 겪고 있다. 40대에 이르기 전에, 이 사람들이 그들의 목표를 성취하기 위해서 해야할 일은 무엇이라고 생각하는가?

Sample Student Answer

I think people should know their goals first and have a clear vision on what they want to do or what to be, even if they think it's too high or impossible. And if they already have a job, they should also have budget plan. Write out separate journal for that. They can even use spreadsheets like MS Excel to keep track of their money. If they have low salary, they should learn to adjust their lifestyle. As for lack of opportunities, if possible, attend to social gatherings to meet several people. This creates a chance of meeting someone who may want to help them. People should work hard, but they must remember to have fun and be open to new experiences. Learn new things and never stop learning. Most goals doesn't come out easy. Always remember, most beautiful things take time.

답변 분석

1. 등위접속사로 문장을 시작해서는 안된다.
2. 전치사가 잘못 쓰인 부분들이 있는데, 숙어나 표현 등을 완벽 습득하여 전치사 오류 없는 글이 되도록 해야 한다.
3. 수 일치, 격일치는 글을 다 쓰고도 한번 더 확인해서 문법 오류를 줄이도록 한다.

Revised Answer

I think people should know their goals first and have a clear vision ~~on~~ of what they want to do or what they want to be, even if they think it's too high or impossible. ~~And~~ If they already have a job, they should also be sure to have a budget plan. It is a good idea to write this ~~out~~ down in a separate journal or file ~~for that~~. They can even use spreadsheets like MS Excel to keep track of their money. If they have low salaries, they should learn to adjust their lifestyles appropriately. As for the lack of opportunities, if possible, it is better to attend ~~to~~ social gatherings to meet ~~several~~ new people. This creates a chance of meeting someone who may want to help them. People should work hard, but they must remember to have fun and be open to new experiences. It is good to learn new things and never stop learning. Most goals ~~doesn't~~ don't come ~~out~~ easily, but it is always useful to remember that ~~most~~ beautiful things take time.

I think people should know their goals first and have a clear vision of what they want to do or what they want to be, even if they think it's too high or impossible. If they already have a job, they should also be sure to have a budget plan. It is a good idea to write this down in a separate journal or file. They can even use spreadsheets like MS Excel to keep track of their money. If they have low salaries, they should learn to adjust their lifestyles appropriately. As for the lack of opportunities, if possible, it is better to attend social gatherings to meet new people. This creates a chance of meeting someone who may want to help them. People should work hard, but they must remember to have fun and be open to new experiences. It is good to learn new things and never stop learning. Most goals don't come easily, but it is always useful to remember that beautiful things take time.

● 해석

나는 사람들이 그들의 목표를 먼저 알고, 그것이 너무 높거나 불가능하다고 생각하더라도 그들이 무엇을 하고 싶은 지 혹은 무엇이 되고 싶은지에 대한 명확한 비전을 가져야 한다고 생각한다. 만약 그들이 이미 직업을 가지고 있다면, 그들은 또한 예산계획을 확실히 세워야 한다. 이것을 별도의 저널이나 파일에 적는 것은 좋은 생각이다. 별도의 저널이나 파일에 쓰도록 하라. 그들은 심지어 돈을 추적하기 위해 MS 엑셀과 같은 스프레드시트를 사용할 수 있다. 월급이 적다면 생활방식을 적절히 조정하는 법을 배워야 한다. 기회가 적다면, 가능한 한 새로운 사람들을 만나기 위한 사교 모임에 참석하는 것이 좋다. 이것은 그들을 돕고 싶을지도 모르는 누군가를 만날 기회를 만들어낸다. 사람들은 열심히 일해야 하지만, 새로운 경험에 열린 마음을 갖고 즐겨야 한다는 것을 기억해야 한다. 새로운 것을 배우고, 배우는 것을 멈추지 않는 것이 좋다. 대부분의 목표가 쉽게 이루어지는 것은 아니지만, 아름다운 것들은 시간이 걸린다는 것을 기억하는 것은 항상 유용하다.

 주요 문장

I think people should know their goals first.
나는 사람들이 그들의 목표를 먼저 알아야 한다고 생각한다.

As for the lack of opportunities, if possible, it is better to attend social gatherings to meet new people.
기회가 적다면, 가능한 한 새로운 사람들을 만나기 위한 사교 모임에 참석하는 것이 좋다.

This creates a chance of meeting someone who may want to help them.
이것은 그들을 돕고 싶을지도 모르는 누군가를 만날 기회를 만들어낸다.

 **Example 2**

> The rise of social media not only affects adults but children as well. Do you think kids should be prohibited from having social media accounts? Why or why not?
>
> 소셜미디아의 성장은 어른들 뿐 아니라, 아이들에게도 영향을 준다. 아이들이 소셜미디아 계정을 가지는 것을 금지 당해야 된다고 생각하는가? 왜 그렇고 왜 그렇지 않다고 생각하는가?

Sample Student Answer

Yes, because the use of social media requires a mature mind. Kids should not be allowed to have an access to the internet especially to have social media accounts. The use of social media will bring them close to dangers like meeting strangers or being exposed to unnecessary things like nudity and violence. And excessive exposure to mobile screens may give them health problems like blurred vision. Sometimes, the kids also prioritize more the use of social media than eating or sleeping which may lead to unhealthy habits. Kids should not use social media. The use of social media accounts should only be allowed if they reached the legal age where they can make good decisions of their own.

답변 분석

1. 등위접속사로 문장을 시작할 수 없다. 문장을 시작하려면, 등위접속사 대신 부사를 사용한다.
2. access와 같은 추상명사는 관사 없이 단수형으로 쓴다.

Revised Answer

Yes, because the responsible use of social media requires a mature mind. Kids should not be allowed to have ~~an~~ access to the Internet, especially to ~~have~~ social media accounts. The use of social media will ~~bring~~ expose them ~~close~~ to dangers like ~~meeting~~ online strangers or ~~being exposed to unnecessary things like~~ nudity and violence. ~~And~~ Plus, excessive exposure to mobile screens may ~~give them~~ lead to health problems like blurred vision. Sometimes, ~~the~~ kids ~~also~~ can even prioritize ~~more~~ the use of social media devices ~~than~~ over eating or sleeping, which may lead to unhealthy habits. Worst of all, too much time on social media can lead to delayed social and mental development, and can make it difficult for kids to interact with people in real life. In conclusion, kids should not use social media. I believe the use of social media accounts should only be allowed if they have reached the legal age where they can make good decisions ~~of~~ on their own.

Yes, because the responsible use of social media requires a mature mind. Kids should not be allowed to have access to the Internet, especially to social media accounts. The use of social media will expose them to dangers like online strangers or nudity and violence. Plus, excessive exposure to mobile screens may lead to health problems like blurred vision. Sometimes, kids can even prioritize the use of social media devices over eating or sleeping, which may lead to unhealthy habits. Worst of all, too much time on social media can lead to delayed social and mental development, and can make it difficult for kids to interact with people in real life. In conclusion, kids should not use social media. I believe the use of social media accounts should only be allowed if they have reached the legal age where they can make good decisions on their own.

해석

그렇다, 소셜 미디어의 책임 있는 사용은 성숙한 마음을 필요로 하기 때문이다. 아이들이 인터넷, 특히 소셜 미디어 계정에 접근할 수 있도록 해서는 안 된다. 소셜 미디어의 사용은 그들을 온라인상의 낯선 사람들 또는 나체, 폭력과 같은 위험에 노출시킬 것이다. 게다가, 모바일 스크린에 과도하게 노출되면 시야가 흐릿해 지는 것과 같은 건강 문제를 일으킬 수 있다. 때때로, 어린이들은 심지어 먹거나 자는 것보다 소셜 미디어 장치의 사용을 우선시할 수 있는데, 이것은 건강에 좋지 않은 습관으로 이어질 수 있다. 가장 나쁜 것은, 소셜 미디어에서 너무 많은 시간을 보내는 것은 사회성과 정신 발달의 지연을 초래할 수 있고, 아이들이 실제 생활에서 사람들과의 상호작용을 어렵게 만들 수 있다. 결론적으로, 아이들은 소셜 미디어를 사용해서는 안 된다. 소셜 미디어 계정의 사용은 그들이 스스로 좋은 결정을 내릴 수 있는 법적 나이가 되었을 때만 허용되어야 한다고 생각한다.

주요 문장

Kids should not be allowed to have access to the Internet.
아이들이 인터넷에 접근할 수 있도록 해서는 안 된다.

Excessive exposure to mobile screens may lead to health problems like blurred vision.
모바일 스크린에 과도하게 노출되면 시야가 흐릿해 지는 것과 같은 건강 문제를 일으킬 수 있다.

I believe the use of social media accounts should only be allowed if they have reached the legal age where they can make good decisions on their own.
소셜 미디어 계정의 사용은 그들이 스스로 좋은 결정을 내릴 수 있는 법적 나이가 되었을 때만 허용되어야 한다고 생각한다.

Exercise

Do you agree or disagree with the following statement? Smart phones have destroyed communication among people.

다음의 주장에 동의하는가 동의하지 않는가? 스마트폰은 사람들 간의 의사소통을 파괴하였다.

Your Answer

Example Answer

주제

어떤 사람들이 스마트폰이 사람들 간의 대화를 망쳤다고 주장하는 반면, 나는 그 주장에 동의하지 않는다.

While some people have stated that smart phones destroy (or 'have destroyed') communication among people, I can only disagree with this statement.

이유

핵심 이유는 전화를 통해 소셜 네트워크를 이용하면 활발한 의사소통에 매우 효과적이기 때문이다.

The main reason is that taking advantage of social networks through phones is pretty effective for active communication.

예제

젊은이들의 활발한 소셜미디어 활동, 많은 공통점의 공유, 같은 취미나 선호를 가진 인터넷 클럽들, 컴퓨터보다 훨씬 휴대가 쉬운 스마트 폰 등…

For example, many people often find themselves engaging in a social network online. Teenagers and women are especially big fans of social media. They find it enjoyable communicating with people they've met online. They can sometimes post their own stories and they are shared with many people online. Usually, people from the same sites or same online clubs have many things in common. Therefore, it is easy for them to actively participate in communication. Think about this: Clubs of the same favorite baseball team, clubs of the same favorite food, clubs of the same problems. They are the people who share similar hobbies and issues. Also, before the era of smart phones, this could be done with computers. As you know, computers are not as portable as smart phones. On the other hand, you can carry smart phones around the clock, which makes it easier for people to log on to their favorite sites, internet clubs, etc.

결론

그러므로 스마트 폰은 사람들 간의 의사소통을 파괴하지 않는다. 이것이 내가 스마트폰이 의사소통을 덜 중요하게 만든다는 언급에 강하게 반대하는 이유이다.

Therefore, smart phones can never destroy communication among people. This is why I strongly disagree with the remark that smart phones make communication less important.

MEMO

영어 작문능력 평가 시험

G-TELP Writing Test
공식수험서

Chapter 5
구두법 (Punctuation)

General Tests of English Language Proficiency

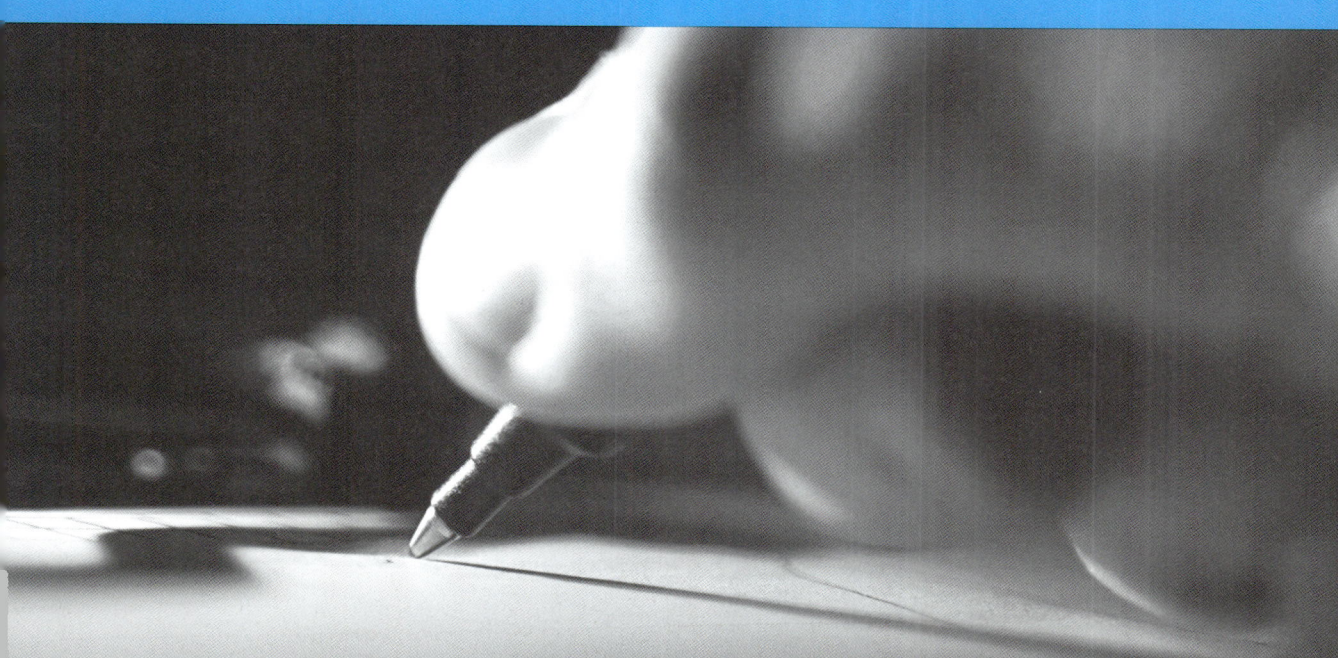

Chapter 5.
구두법 (Punctuation)

구두법(punctuation)은 영어 글쓰기에 있어 중요한 의미변화를 만들 수 있기 때문에 생각보다 신중히 또 보편적 법칙에 맞게 써야 한다. 앞선 단원들에서 전반적인 글쓰기 원칙들과 시험 파트별 예문들을 배워 보았는데 이번 단원에서는 구두법에 대해 학습을 통해 더욱더 정확한 라이팅을 준비하도록 한다.

General Tests of English Language Proficiency

5-1 쉼표 (Comma)

쉼표는 보통 영어 문장 안에서 나열된 단어들을 분리하거나 덩어리말(구나 절)을 구분하는데 활용된다. 구체적인 쉼표의 사용들은 아래에서 예문들을 통해 알아보도록 하자.

USE 1 세 개 이상의 단어나 덩어리말을 구분하기 위해 사용한다.

The cost includes **accommodation, transit, and breakfast**.
그 비용은 숙박, 교통, 그리고 아침식사를 포함합니다.

USE 2 전치사구나 부사절이 문장의 맨 앞에 올 때, 주절 앞에 사용한다.

On 25 March, your subscription to *World Movie Magazine* will expire.
3월 25일에, World Movie Magazine에 대한 귀하의 정기구독이 만료됩니다.

When you arrange a meeting, send agendas to each participant in advance.
미팅을 준비할 때, 미리 각각의 참여자에게 안건들을 보내세요.

USE 3 등위접속사 (and, but, or, so 등)를 쓸 때 독립적으로 문장과 문장을 끊어 주기 위해 사용한다.

There are a number of rooms suitable for your event, **but** meals will not be served.
귀하의 행사와 어울리는 많은 방들이 있습니다만, 식사가 제공되지는 않습니다.

USE 4 관계절에서 '계속적 용법'인 경우, 관계사 앞에 사용한다.

We decided to purchase XG-100, **which produces the best quality text and graphics**.
우리는 XG-100 모델을 구매하기로 결정했고, 그것은 최고 품질의 문자와 그래픽을 인쇄합니다.

USE 5 명사 뒤에서 동격으로 설명을 할 때, 동격 명사(명사구) 앞 뒤에 사용한다.

Oak Book Bank, **the oldest bookstore in town**, will be closed due to extensive renovation.
도시에서 가장 오래된 서점인 Oak Book Bank는 대규모 개조로 인해 문을 닫을 것입니다.

USE 6 순서에 상관없이 쓸 수 있는 형용사들이 나열되어 명사를 꾸미는 경우 형용사들 사이에 사용한다.

The hotel features **affordable, comfortable rooms**.
그 호텔은 저렴하고 편한 방을 특징으로 합니다.

※ 특정한 순서로 나열해야 하는 형용사의 경우에는 쉼표를 일반적으로 쓰지 않는다.

Three diligent young employees will represent the company at the trade fair.
세 명의 부지런하고 젊은 직원들이 무역박람회에서 회사를 대표할 것입니다.

5-2 세미콜론(Semicolon)

세미콜론은 의미적으로 관련 있거나 동등하게 강조되어야 할 절(문장)이나 구를 분리하는 부분에서 사용된다. 특별히 쓰지 않아도 상관은 없지만 세미콜론을 통해서 강조 등을 할 수 있다. 구체적인 세미콜론의 사용들은 아래에서 예문들을 통해 알아보도록 하자.

USE 1 두 개의 문장을 등위접속사 없이 연결하는 부분에서 사용한다.

> Ms. Hopkins was promoted to new manager; **she demonstrated excellent leadership**.
> Ms. Hopkins 는 새로운 매니저로 승진했습니다; (왜냐하면) 그녀는 훌륭한 리더십을 보여줬습니다.

USE 2 보통 접속부사로 문장과 문장을 연결하는 경우 의미상 밀접한 관계를 보여줄 때 사용한다.

> You have been accepted as an intern; **as a result**, we invite you to attend orientation.
> 귀하께서는 인턴으로 합격했습니다; 그러므로 저희는 귀하께서 오리엔테이션에 참석하시길 요청합니다.

USE 3 명사 등을 나열하는데 이미 쉼표가 있는 경우 구분을 명확하게 하기 위해 사용한다.

> The convention is intended for global experts from **Paris, France; Munich, Germany; and Seoul, Korea**.
> 회의는 프랑스의 파리, 독일의 뮌헨, 한국의 서울에서 온 국제적 전문가를 위해 개최됩니다.

5-3 콜론(Colon)

콜론은 문장 뒤에서 정보를 세부적으로 전달하기 위해 명사나 절(문장)이 나오기 전에 사용된다. 구체적인 세미콜론의 사용들은 아래에서 예문들을 통해 알아보도록 하자.

USE 1 완전한 문장이 오고나서 구체적인 정보를 다시 낱말 나열, 구, 절(문장)로 언급할 때 사용한다.

> Three qualifications are necessary for the position: **university degree, work experience, and willingness**.
> 세 개의 자격이 그 직책에 필수적입니다: 대학학위, 근무경력, 의지 등

> We had to focus on one goal only: **making the new project successful**.
> 우리는 한가지 목표에만 집중해야 했습니다: 새로운 프로젝트를 성공적으로 만들기

5-4 아포스트로피(Apostrophe)

아포스트로피는 소유격을 나타내거나 주어와 be동사나 조동사를 줄이는 부분에서 사용한다. 다만 공식적인 글에서는 줄임표현은 지양하는 것이 좋다. 구체적인 아포스트로피의 사용들은 아래에서 예문들을 통해 알아보도록 하자.

USE 1 단수명사의 뒤에 혹은 부정대명사(anyone, everyone 등)의 뒤에 아포스트로피와 's'를 붙이면 소유격을 보여줄 수 있다. 복수명사는 's'없이 그냥 아포스트로피만 붙여서 소유격을 보여준다.

The article covered the relocation of **their company's headquarters**.
그 기사는 그들의 회사의 본사의 이전을 다루었다.

We appreciate **many customers' interest** in our new fund-raising event.
저희는 저희 새로운 기금모금 행사에 대한 많은 고객들의 관심에 대해 감사드립니다.

USE 2 축약을 하여 두 개의 단어를 하나로 쓸 때 사용된다.

The team's already collected a lot of material about this topic. (has 축약)
팀은 이미 이 주제에 대한 많은 자료를 수집했습니다.

We'd like you to get back to us by Friday with your updated proposal. (would 축약)
저희는 귀하께서 향상된 제안서를 가지고 금요일까지 저희에게 연락주시길 희망합니다.

5-5 따옴표(Quotation Marks)

따옴표는 보통 인용된 말을 쓸 때 큰 따옴표(double quotation marks)를 쓰고, 그 안에서 다시 인용말이나 책, 기사, 문학 등의 제목을 쓸 때 작은 따옴표(single quotation marks)를 사용하게 된다. 흥미로운 사실은 미국식 영어(American English)에서는 큰 따옴표를 밖에, 작은 따옴표를 그 안에 사용하는 것이 일반적이지만 영국식 영어(British English)에서는 작은 따옴표를 밖에, 큰 따옴표를 그 안에 사용하는 특징이 있다. 구체적인 따옴표의 사용들은 아래에서 예문들을 통해 알아보도록 하자.

USE 1 미국식 영어에서는 누군가의 말을 인용할 때 큰 따옴표를 사용하고, 그 안에 인용되는 말이나 제목 등에 작은 따옴표를 사용한다. 영국식 영어에서는 그 반대이다.

• In American English

"The project 'Better Community' will improve the city and citizens alike significantly," said the mayor.
시장은 "프로젝트 'Better Community'는 시와 시민들 모두를 상당히 향상시킬 것이라고 말했습니다.

• In British English

'The project "Better Community" will improve the city and citizens alike significantly,' said the mayor.
시장은 "프로젝트 'Better Community'는 시와 시민들 모두를 상당히 향상시킬 것이라고 말했습니다.

USE 2 실제 의미와는 다르게 반어법으로 쓰이는 단어나 구문을 강조(주의 환기)하기 위해 사용된다.

• In American English

Mr. Woodward asked a **"very appropriate"** question during the presentation. (큰 따옴표 사용)
Mr. Woodward는 발표동안 아주 적절한 질문을 했습니다. (실제로는 적절하지 않았다는 것을 언급)

• **In British English**

> Mr. Woodward asked a '**very appropriate**' question during the presentation. (작은 따옴표 사용)
>
> Mr. Woodward는 발표동안 아주 적절한 질문을 했습니다. (실제로는 적절하지 않았다는 것을 언급)

USE 3 문장 안에서 개별적인 단어나 알파벳을 언급할 때 사용할 수 있다.

• **In American English**

> Staff members were all confused about a word "**integrity**" in the contract. (큰 따옴표 사용)
>
> 직원들은 모두 계약서에 단어 "진실성"에 대해 혼란스러워 했습니다.

• **In British English**

> Staff members were all confused about a word '**integrity**' in the contract. (작은 따옴표 사용)
>
> 직원들은 모두 계약서에 단어 "진실성"에 대해 혼란스러워 했습니다.

• **In American English**

> Due to technical problems, all of the letters "**B**" have been mistakenly typed as "**V.**"
>
> (큰 따옴표 사용)
>
> 기술 문제로 인해 모든 알파벳 B가 V로 잘못 입력되었습니다.

• **In British English**

> Due to technical problems, all of the letters '**B**' have been mistakenly typed as '**V.**'
>
> (작은 따옴표 사용)
>
> 기술 문제로 인해 모든 알파벳 B가 V로 잘못 입력되었습니다.

5-6 괄호(Parentheses)

괄호는 문장안에서 내용과는 당연히 관련하지만 중대하지 않은 내용의 요소들(단어, 구절 등)을 분리하기 위해서 사용된다. 쉽게 말해 중요하지 않아서 쓰지 않아도 되지만 추가적인 정보를 줄 수 있는 내용들을 묶을 때 쓰는 기호이다. 구체적인 괄호의 사용들은 아래에서 예문들을 통해 알아보도록 하자.

USE 1 문장 안에서 중요, 필수적이지 않은 추가적인 내용을 묶을 때 사용된다.

Vargas Graphic Design Conference has been annually held in international cities **(New York, London, Paris, Seoul)**.

Vargas Graphic Design Conference는 매년 국제적인 도시 (뉴욕, 런던, 파리, 서울)에서 매년 열립니다.

USE 2 문장 안에서 추가적인 완전한 절(문장)을 삽입할 때 쓸 수 있다. 이 경우에 시제는 중요하지 않으며 물음표(질문)나 느낌표(느낌)를 써야 한다.

The spring season **(how beautiful the weather is in the season!)** is just around the corner.

봄날이 (봄에 날씨가 얼마나 좋은 지!) 이제 거의 다 됐습니다.

5-7 하이픈(Hyphen)

하이픈은 보통 단어들을 조합하여 복합적인 하나의 단어(덩어리)를 만들 때 사용된다. 사실 하이픈을 사용하지 않고도 관용적인 복합단어는 쓰기도 한다. 구체적인 하이픈의 사용들은 아래에서 예문들을 통해 알아보도록 하자.

USE 1 보통 숫자(21~99)를 명사를 수식하는 형용사로 쓸 때 하이픈을 쓸 수 있다.

Alan International exports a wide variety of power tools to more than **twenty-eight** countries.
Alan International 은 다양한 전동기기들을 28개국 이상으로 수출합니다.

USE 2 접두어 ex, all, pro, self 등을 붙일 때나 고유명사, 고유형용사 (Korean, American, European 등) 앞에 접두어를 추가할 때 쓸 수 있다.

Mr. Cho, **ex-president** of Golden Investors, will deliver the keynote address at tomorrow's meeting.
Golden Investors의 전 회장이었던 Cho 씨가 내일 회의에서 기조연설을 할 것입니다.

The novel contains old English sayings, so **non-English** speakers can hardly understand without explanation.
그 소설은 오랜 영어 격언들을 포함하고 있었기 때문에, 비영어권 사람들은 설명이 없다면 모든 것을 이해하는 것이 어렵습니다.

USE 3 복합적인 형용사의 형태로 명사를 수식하는 경우 사용할 수 있다.

Gordon Bookstore hosted Authors Night, inviting a **well-regarded** novelist last week.
Gordon Bookstore는 매우 저명한 소설가를 초빙하여 Authors Night을 지난 주에 주최했습니다.

※ 보어자리(ex. be동사 뒤)에서 쓸 때는 하이픈을 쓰지 않는다.

Most participants found the event to **be well organized** thanks to the efforts of many people.
대부분의 참가자들은 많은 사람들의 노력 덕분에 이 행사가 잘 준비되었다는 것을 알았습니다.

MEMO

MEMO

MEMO